생각이
크는
인문학

정의

생각이 크는 인문학_정의

지은이 서윤호, 최정호
그린이 이진아

1판 1쇄 발행 2015년 8월 14일
1판 9쇄 발행 2021년 11월 1일

펴낸이 김영곤
키즈사업본부장 김수경
에듀2팀 이영애 이유리
마케팅본부장 변유경 **아동마케팅1팀** 김영남 문윤정 이규림 고아라
아동마케팅2팀 최예슬 이해림 황혜선
영업본부장 민안기 **아동영업팀** 이경학 오다은 김소연

펴낸곳 (주)북이십일 을파소
출판등록 2000년 5월 6일 제406-2003-061호
주소 (우 10881) 경기도 파주시 회동길 201(문발동)
연락처 031-955-2100(대표) 031-955-2177(팩스)
홈페이지 www.book21.com

ISBN 978-89-509-6104-6 43190

책 값은 뒤표지에 있습니다.

• 제조자명 : (주)북이십일
• 주소 및 전화번호 : 경기도 파주시 회동길 201(문발동) / 031-955-2100
• 제조연월 : 2021.11.
• 제조국명 : 대한민국
• 사용연령 : 8세 이상 어린이 제품

생각이 크는 인문학

8 정의

글 서윤호 · 최정호
그림 이진아

을파소

목 차

1장

정의는 누가 정하는 것인가요?

6장

정의는 도대체 무엇인가요?

머리글

갈등을 넘어 더 좋은 관계로 나아가는 힘!

'정의란 무엇인가?'라는 질문은 우리 삶과 무척 가까이 있어요. 위층 아이들이 쿵쾅쿵쾅 뛰어다니거나, 늦은 밤 옆집에서 세탁기나 청소기를 돌려서 시끄러웠던 경험이 있을 거예요. 소음에 시달리다 도저히 참지 못해 당장 뛰어가서 조용히 하라고 소리라도 치고 싶지만, 괜히 이웃과의 관계가 안 좋아질까 봐 쉽게 행동에 옮기지 못한 경우도 있지요. 게다가 이웃의 입장을 가만히 생각해 보면, 늦은 시간이 아니면 청소하고 세탁할 시간이 없었던 건 아닌지 안쓰러운 점도 있어요. 어떻게 해야 할까요?

이렇게 지금 상황에서 무엇이 과연 옳은 걸까? 묻는 것은 실제 '정의란 무엇인가?'라는 물음과 관련이 있어요. 그러나 '정의란 무엇인가?'라는 물음에 대한 대답은 그저 막연하게만 느껴지지요. 이런 까다로운 문제는 대단한 철학자들이

8

나 대답할 수 있는 문제라고 생각하지 않나요. 하지만 그렇지 않아요. 여러분도 정의에 대한 답을 스스로 찾을 수 있어요. 너무 어렵게 느껴진다고요? 너무 걱정하지 마세요. 이제부터 여러분들이 정의에 대한 답을 스스로 찾을 수 있도록 이 책이 도와줄 테니까요.

여러분의 생각이 한뼘 더 자랄 수 있도록, 정의라는 문제를 둘러싼 것들을 하나씩 자세히 살펴볼 거예요. 또 여러분 주변에서 실제로 일어나고 있는 일을 '정의'라는 틀에서 다시 바라보면서, 우리가 나누었던 이야기를 곱씹어 보기도 할 거고요. 당연히 정의에 대한 각각의 주장들이 그 뿌리를 두고 있는 철학자들의 생각도 함께 살펴볼 거예요. 벌써부터 가슴이 두근두근하지 않나요?

'나'에 대해 제대로 설명하려면 다른 사람과 비교하는 것이 좋은 방법이듯이, '정의란 무엇인가?'라는 질문에 잘 대답하기 위해서 '좋음이란 무엇인가?'라는 질문이 도움이 됩니다. 정의 이외에도 우리 사회에서 가치 있게 여기는 도덕, 사랑, 인정 같은 것에 대해서 고민하다 보면 정의가 무엇인지 알 수 있게 될 거예요.

그렇다면 정의를 알게 되면 무엇이 좋을까요? 마치 층간 소음으로 고통을 받던 나와 이웃이 모두에게 좋은 해결책을 찾아내는 것처럼, 정의는 갈등을 더 좋은 관계로 만들어 주는 힘이 있답니다. 자, 정의에 대해 더 자세하게 알아볼 준비가 되었나요? 정의에 대해 함께 생각하고, 생각이 더 커지는 즐거운 기회가 되기를 바랍니다!

2015년 7월

서윤호 · 최정호

1장

정의는 누가
정하는 것인가요?

이게 옳은 걸까?

어느 날 점심시간이었어요. 작은 읍에 있는 한 초등학교에서 두 친구가 다투고 있습니다.

"어이, 한병태. 잔소리 말고 물 한 컵 떠 와."

"싫어. 난 못 해!"

무슨 일이 생긴 걸까요? 반장인 엄석대가 같은 반 친구인 한병태에게 물을 떠오라고 시킨 것입니다. 물론 그 물은 점심을 다 먹은 엄석대가 마실 물이죠. 이 장면은 이문열의 소설『우리들의 일그러진 영웅』에 나오는 내용입니다. 이 소설에 등장하는 반장 엄석대는 같은 반 친구들에게 온갖 나쁜 행동을 저지릅니다. 친구들이 좋은 물건을 가지고 있으면 빼앗고, 공부 잘하는 아이에게 자기 대신 시험을 보게 합니다. 마치 자신이 선생님인 것처럼 반에서 아이들이 앉을 자리를 멋대로 정하고, 청소검사도 직접 하죠. 주인공인

병태도 예외 없이 엄석대의 지시를 받았습니다.

병태가 보기에 반장이라고 다른 아이들에게 자기가 마실 물을 떠 오게 시키는 것은 옳지 못한 행동입니다. 병태는 반장이란 반을 운영해 나갈 때 도움을 주는 사람이어야 한 다고 생각하죠. 병태의 입장에서 엄석대는 자기 이익을 위 해서 다른 사람을 부리는 권력자입니다.

석대는 어떻게 이런 행동을 할 수 있었을까요? 석대의 행동을 담임선생님이 모른 척해 주는 데다 석대가 다른 또 래들보다 싸움도 잘하기 때문입니다. 힘으로는 아무도 석 대를 이길 수 없었으니까요. 오히려 석대의 잘못을 알리고 그의 힘에 저항하며, 모두가 함께 만들어 가는 반을 꿈꾸 던 병태만 외톨이가 되었습니다.

마치 왕처럼 굴고 있는 석대를 보면 '힘' 앞에서 옳지 못 한 것이 옳은 것으로 둔갑되고 있는 것은 아닌지 의문이 듭니다. 과연 이래도 되는 것인지, 다른 이야기를 하나 더 살펴보기로 해요.

사람들은 모두 서로 다른 환경에서 태어납니다. 자라면 서 나름대로 살아가는 법을 배워 가지요. 그런데 태어날 때 부터 주어진 환경이 너무 달라서 처음 주어진 환경을 평생 노력해도 바꿀 수 없는 경우도 있어요. 얼마 전 신문에 난

다음의 기사를 한번 살펴볼까요.

1억원 이상의 주식 자산을 보유한 미성년자(5~19세)는 총 616명으로 집계됐다. 100억원 이상의 주식 자산을 보유한 미성년자도 무려 16명에 달하는 것으로 나타났다.

간단히 말하자면 여러분과 같은 십대 중 일억 원 이상의 주식을 가진 사람이 616명이나 된다는 거예요. 여러분 나이 정도에 직접 그만큼의 돈을 버는 게 가능할까요? 만약 여러분이 아르바이트를 해서 돈을 번다면 한 시간에 오천 원이 조금 넘는 금액을 받을 수 있어요. 그렇다면 일억 원을 벌기 위해선 얼마나 일을 해야 하는지 계산이 되나요? 한마디로 말해서 여러분의 나이에 직접 일억 원을 버는 것은 거의 불가능한 일이지요.

그렇다면 이런 '어린이 주식부자'는 어떻게 가능했을까요? 그건 부모님이 선물을 주듯이, 자식에게 주식을 물려줘서 가능한 거예요.

주식은 돈처럼 안정적인 가치를 지닌 것이 아니라서 꾸준한 관리가 필요해요. 주식의 가치는 수시로 오르락내리

락하죠. 부모님에게 받아서 잘 관리되고 있는 일억 원어치의 주식은 점점 그 가치가 높아질 수도 있어요. 여러분이 경제적으로 독립하고 노동의 대가로 첫 월급을 받을 때쯤이면, '어린이 주식부자'는 아마도 주식을 물려받지 않은 사람들과는 비교할 수 없게 재산이 많겠지요. 그러니 비슷한 월급을 받는 또래의 다른 사람들이 부모님에게 많은 재산을 물려받은 사람들과 재산에서 격차를 줄이기는 쉽지 않습니다. 결국 내가 얼마나 노력했는가가 아니라, 부모님이 내게 얼마를 물려주었느냐에 따라 극복할 수 없는 차이가 생겨나는 것입니다. 이게 과연 옳은 걸까요?

정의란 무엇일까?

우리가 지금부터 이 책에서 생각해 보려고 하는 '정의'는 '옳음'을 말합니다. 정의라는 말은 어렵게 느껴지지만, 옳음이라는 말을 들으니 약간은 친숙한 느낌이 들지요. 학교에서도 집에서도 옳은 행동을 해야 한다고 배우니까요. 여러분도 이미 옳고 그름에 대한 나름의 기준과 생각이 있기 때문에, 뭔가 옳지 못하다는 생각이 들면 당황하기도 하고

16

화가 나기도 할 거예요. 엄석대 이야기와 '어린이 주식부자' 이야기를 들을 때처럼 말이지요.

그렇지만 어찌해야 할지 모르는 곤란한 상황에 처했을 때, 누군가가 막연하게 "옳은 일을 하렴!"이라고 조언한다면 실제로 별로 도움이 되지 않을 때가 많습니다.

이를 테면 학교에 늦어서 부랴부랴 뛰어가는 중 힘들게 수레를 끌고 가는 어르신을 보면 도와드려야 하나 말아야 하나 갈등이 생기지요. 이때에도 옳은 일을 해야 한다는 건 당연해요. 하지만 구체적으로 무엇이 옳은지를 대답하기는 쉽지 않습니다. 학교에 늦더라도 힘들어하는 사람을 돕는 것이 옳은 걸까요? 아니면 지각은 등교 시간을 어기는 것이니 학교에 곧바로 가는 것이 옳은 걸까요?

무엇이 옳은지에 대한 생각이 언제 어디에서나 꼭 같다고 할 수도 없어요. 마치 나라마다 인사 방법이 다른 것처럼 말이에요. 인사로 포옹을 하는 곳도 있고, 악수를 하는 곳도 있고, 혀를 내밀거나 심지어 바닥에 침을 뱉는 곳도 있지만 어떤 인사 방법은 옳고, 또 어떤 것을 그르다고 말할 수 없죠.

그래서 17세기의 프랑스 철학자인 파스칼*은 그의 저서 『팡세』에서 산맥을 기준으로 어느 쪽에 있는지, 공동체가

지구의 어느 위도에 있는지와 같은 우연한 사정 때문에 정의가 달라지기도 한다는 점을 다음과 같이 말하고 있습니다.

블레즈 파스칼(Blaise Pascal, 1623~1662) 파스칼은 수학, 물리학, 발명, 철학, 신학 등 다방면에서 두각을 보였다. 특히 '인간은 생각하는 갈대'라는 말로 유명하고 주요 저서로는 『팡세』가 있다.

"한 줄기 강이 가로막는 가소로운 정의여! 피레네 산맥* 이쪽에선 진리, 저쪽에서는 오류이다."
"위도 3도의 차이가 법률을 뒤엎고 한 자오선*이 진리를 결정한다."

도대체 정의가 무엇이냐는 질문이 난감해지는 이유는 또 있습니다. 같은 장소에서조차 시대가 흐르면 옳고 그름이 달라지기 때문입니다.

★피레네 산맥 피레네 산맥은 프랑스와 스페인의 국경에 위치한 산맥이다.
★자오선 북극점과 남극점을 최단 거리로 연결하는 지구 표면상의 세로 선을 뜻한다. 자오선을 기준으로 시차가 발생한다.

학교에 늦을지도 모르는 상황에서 힘들게 수레를 끌고 있는 어르신을 만난 이야기를 다시 떠올려 볼까요? 지각을 하는 것도 안 되고, 힘들어하는 어르신을 못 본 척 지나치는 것도 내키지 않는 상황에서 과연 어떤 행동을 하는 것이 옳은지를 선택하기가 정말 쉽지 않지요. 이 문제는 예나 지금이나 확실히

답할 수 없는 어려운 문제입니다. 그러나 오늘날에는 과거에 비해 지각이라는 불이익을 감수하면서까지 남을 돕겠다는 사람이 많이 줄었을 것 같아요. 점점 더 경쟁이 치열해지면서 나보다 다른 사람을 생각할 겨를이 없어졌거든요.

이처럼 정의가 옳은 것이라고는 하지만 알고 보면 옳다는 말은 꽤 막연합니다. 게다가 그 옳다는 것도 시대에 따라, 지역에 따라 다르다고 생각하니 머릿속이 더욱 혼란스러워지네요. 그럼에도 우리는 정의를 발견해야 합니다.

누가 옳고 그름을 정하는 거지?

앞서 보았듯이 정의라는 말은 참 애매합니다. 어느 곳인지, 언제인지에 따라 정의의 의미가 달라지니까요. 이쯤 되면 정의라는 말이 듣기에는 멋있지만, 결국 그때그때 임기응변처럼 아무 내용이나 채워 넣으면 되는 것이 아닌지 의심이 들기도 하죠.

그러나 언젠가 변할 수도 있고, 이 지역에서만 인정된다 해도, '지금 그리고 여기'에서의 정의라고 부를 수 있는 무언가가 있다는 것 또한 분명합니다. 그리고 우리 앞에 놓인 갈등을 해결하려면 정의를 찾아내야만 해요. 정의가 모든 문제를 해결할 만능열쇠도 아니고, 한번 정의라고 받아들여졌다고 영원히 변하지 않는 것도 아니지만 그렇다고 아무거나 정의가 되는 건 아니지요.

그렇다면 지금 이곳에서의 정의는 무엇일까요? 지금 이곳에서의 정의는 누가, 어떻게 정하는 걸까요? 엄석대처럼 힘이 세거나, 어린이 주식부자처럼 돈이 많은 사람, 또는 특별한 능력을 가진 사람이나 정치인, 관료처럼 대중의 지지를 받고 있는 몇몇 사람들이 정의를 정하는 것일까요?

그렇지는 않습니다. 힘이 센 나쁜 사람이 정의를 결정하는 것은 당연히 아니겠지요. 그렇다면 권력을 쥐고 있는 훌륭한 사람들이 정의를 결정하는 건 왜 안 될까요? 그들 역시 우리와 마찬가지로 사람인지라 '정의의 이름으로' 나쁜 행동을 하는 것이 얼마든지 가능하기 때문이에요. 만약 정의를 정할 수 있을 만큼 큰 힘을 가진 사람들이 옳지 않은 일을 하고 그것이 옳은 것이라고 포장하면, 결국 정의는 '힘'에 의해 결정되어 버리는 셈입니다.

예를 들어 만화영화 속 영웅들이 악당을 물리칠 때, 악당의 나쁜 짓을 확인하지 않고 단순한 의심만으로 악당을 물리치면 옳다고 할 수 없겠죠. 그래서 항상 만화영화 속 영웅들은 악당에게 우선 경고부터 합니다. 경고를 했는데도 악당들이 지구를 파괴하고 누군가를 괴롭히면 싸움을 시작해요. 그리고 악당이 강하게 저항하면 주인공들도 더 강한 무기를 들고 나오지요. 처음부터 가장 강력한 무기를 들고 나오면 악당을 빨리 막을 수 있을 텐데 영웅들은 왜 항상 악당보다 한발씩 늦는 걸까요? 그건 악당인지 아닌지 확실치 않은 상황에 공격을 하거나 몸싸움만으로 막을 수 있는 상황에서 최첨단 무기로 공격하는 게 옳지 않기 때문입니다.

이런 상황은 만화영화뿐만 아니라 현실에서도 적용될 수 있는 이야기입니다. 2001년 9월 11일 테러범들이 납치한 항공기로 미국의 세계무역센터 빌딩과 국방부 건물에 충돌한 사건이 있었습니다. 이후 '테러와의 전쟁'을 선포한 미국은 쿠바 남동부에 있는 관타나모 미 해군기지에서 테러범에게 비인간적인 고문을 한 적이 있어요. 그런데 테러범이라 해서 고문을 가해도 되는 걸까요? 나쁜 일을 응징하기 위해 똑같이 나쁜 짓을 해도 되는지 의문이 생깁니다. 우리나라의 정보기관이나 수사기관 역시 간첩을 잡겠다며 사건을 조작하거나 고문을 해서 반대로 자신들의 행동을 조사받는 사건이 발생하기도 했지요.

그들은 '정의'를 바로잡기 위해서라며 고문을 하고, 사건을 조작했지만 그것은 정의의 이름으로 저지른 악행이었어요. 이런 정의는 말뿐인 껍데기에 불과하지요.

고대 그리스의 철학자 소크라테스와 트라시마코스가 나눈 이야기에서도 껍데기뿐인 정의에 대해 생각해 볼 수 있습니다.

소크라테스 : 자네는 정의가 무엇이라고 생각하는가?

트라시마코스 : 강자의 이익이 정의입니다.

소크라테스 : 강자도 물론 사람이겠지?

트라시마코스 : 예, 그렇지요.

소크라테스 : 그럼 강자도 실수를 하겠군.

트라시마코스 : 네.

소크라테스 : 그럼 강자의 잘못된 행동도 정의로운 건가?

트라시마코스 : ….

이 이야기는 플라톤의 『국가』 1권에 나오는 내용을 간단하게 줄인 것입니다. 소크라테스의 정의에 대한 설명에 불만을 품은 트라시마코스가 현실적인 입장에서 정의란 강자에게 이익이 되는 것이라고 주장합니다. 소크라테스는 트라시마코스의 주장에 대해 집요하게 반론을 제기하면서 트라시마코스로 하여금 꼼짝할 수 없도록 대화를 이어 가지요.

소크라테스의 말처럼 강자도 다른 사람들처럼 옳지 않을 때가 있는데, 강자에게 이익이 되는 게 정의가 돼 버린다면 정말 큰일이겠지요.

법과 정의의 관계

정의의 문제에서 떼어 놓을 수 없는 것 중 하나가 '법'입니다. 법이 꿈꾸는 목적지가 정의이기 때문이지요. 따라서 법은 우리가 옳다고 생각한 것으로 채워져 있어요. 예를 들어 〈민법〉은 어떤 물건을 사고파는 경우 두 사람이 서로 믿음을 바탕으로 성실하게 계약 내용을 지켜야 한다는 것을 정의의 내용으로 담고 있어요. 또 범죄와 형벌에 대해 규정하는 〈형법〉은 내가 야기한 결과에 대해서만 책임을 진다는 것을 원칙으로 삼고 있지요. 다시 말해 범죄를 저질렀다는 비난은 범죄를 저지르지 않을 수 있었는데도 범죄라는 나쁜 선택을 했을 경우에 할 수 있다는 뜻이에요. 그래서 단순히 어떤 행동이 나쁜 결과를 낳았다는 것만으로 형벌을 부과하지 않고, 그의 선택에 따른 책임에 형벌을 부과한다고 볼 수 있죠. 그러니 범죄자 역시 인격적으로 대우해야 한다는 것이 〈형법〉에 담긴 정의의 내용입니다.

이렇게 법에는 정의가 담겨 있기 때문에 법을 지켜야 한다고 배우고, 법을 지키지 않았다고 하면 옳지 않다고 생각하게 됩니다.

그런데 실제로는 현행의 법률을 지키지 않는다고 해서 반드시 잘못했다고 비난할 수 있는지 쉽게 판단할 수 없을 때가 있어요. 법도 사람이 만드는 것이기 때문에 언제나 옳지만은 않거든요.

1987년 6월 항쟁*에서 그런 예를 찾아 볼 수 있습니다. 당시까지 헌법에 따르면 대통령을 시민이 직접 뽑는 것이 아니라 별도의 기관을 통해 뽑도록 되어 있었어요. 시민이 직접 대통령을 뽑지 않으니 대통령이 부정부패를 저질러도 해결할 방법이 없었죠. 시민들은 대통령을 직접 뽑을 수 있게 해 달라고 요구하며 민주화 운동을 벌였어요. 항

★ 6월 항쟁 1987년 6월 전국적으로 일어난 민주화 운동이다. 당시 전두환 정부는 각종 부정부패와 비리로 시민들의 격렬한 비판과 저항을 받았다. 정부는 민주화 운동을 탄압했지만 민주화 열기는 식을 줄 몰랐고, 박종철이 고문으로 죽었다는 성명이 발표되자 이를 계기로 500만 명에 이르는 시민이 민주화 시위를 벌였다. 그 결과 대통령 직선제가 이뤄지게 되었다.

쟁의 시작이었던 6월 10일 차량들은 경적을 울리고, 거리로 나온 시민들은 흰 손수건을 흔들면서 정부에 항의 표시를 했어요.

민주화를 향한 시민들의 열망이 담긴 이 집회를 정부에서는 '폭력성을 드러낸 불법 행위'라고 판단하고 강력히 대응하기로 했어요. 하지만 끊임없이 저항한 시민들은 결국 대통령을 직접 뽑을 수 있게 되었습니다. 민주화 항쟁으로 헌법을 바꾼 것이죠. 잘못된 법을 바꾼 대표적인 예라고 할 수 있어요.

지금 효력을 갖는 법이 반드시 옳은 것인지 생각해 볼 수 있는 사건을 하나 더 살펴볼까요. 2015년 현재 우리나라 〈공직선거법〉은 청소년이 선거운동 하는 것을 금지하고 있습니다. 2007년 대통령 선거 당시 선거관리위원회는 이를 근거로 청소년들이 특정 후보를 지지하거나 반대하는 UCC를 만들지 못하게 했지요. 청소년의 선거운동을 금지하는 이 법이 부당하다는 것을 국가인권위원회나 헌법재판소에 알리고 바로잡으려고 하는 청소년이 있었는가 하면 법이나 선거관리위원회가 뭐라 하건, 원하는 대로 UCC를 만들어 게시한 친구도 있었지요.

이것을 두고 청소년도 민주사회의 시민이니까 당연히 선

거운동을 할 수 있다고 생각하는 사람들도 있었고, 청소년의 정치적 행동을 안 좋게 보는 사람들도 있었어요.

청소년의 선거운동을 찬성하는 사람들은 대통령의 정책이 청소년에게도 영향을 미치기 때문에 당연히 청소년들도 자신들의 의견을 내세울 수 있다고 생각했어요. 등교시간을 9시로 늦추느냐 마느냐, 학생인권조례를 추진하느냐 마느냐, 무상급식을 하느냐 마느냐 같은 교육정책이나 복지정책이 당장 청소년들에게 영향을 끼칠 수 있는 것들이죠.

청소년의 정치 활동을 찬성하지 않는 사람들은 청소년은 공부에 매진해야 한다거나 정치적으로 판단할 수 있는 능력이 미숙하다며, 청소년의 정치적 행동을 반대했죠. 이렇게 청소년의 정치 활동을 반대하는 사람들의 입장에서는 현재의 〈공직선거법〉은 바람직한 것이고, 이 법률을 위반하고 UCC를 게시한 친구들은 나쁜 행동을 한 것이라고 평가하겠죠.

여러분은 어떻게 생각하세요? 무조건 법을 지키는 것만이 옳은 걸까요?

법은 언제나 옳고, 정의로울 것이라고 생각하기 쉽습니다. 그러나 우리가 옳다고 느끼는 것, '정의감'은 정의의 상징인 법에 복종하지 말라고 할 때가 있습니다. 독재자가 말하는 정의는 시민들에게 정의일 수 없고, 민주사회에서도 시민의 입장이 무시된 정의는 시민에게 폭력이나 다름없습니다. 이 문제는 단순히 내가 불편하다는 이유로 법을 어기는 것과는 전혀 다른 차원의 문제입니다. 도덕적이지 못하거나 정의롭지 않은 법은 시민들이 나서서 바꿔야 하죠. 이런 것을 '시민불복종*'이라 합니다.

* 시민불복종 국가의 법이나 권력자의 명령 등이 옳지 못하다고 여겨서, 처벌을 감수하면서까지 이를 공개적으로 거부하는 행위를 말한다.

우리가 만들어 가는 정의

'정의'란 무엇이냐고 물었는데 대답을 얻기보다는 더 많은 질문만 얻게 되었네요. 그러나 겁내지 마세요. 질문은 언제나 가치 있으니까요. 분명히 지금 이곳의 정의가 있지만, 그것은 영원히 변하지 않는 정답은 아니랍니다. 그러니 우리는 계속해서 정의를 찾아 나가야 하지요. 그리고 지금 이곳의 정의를 찾아 나가는 힘찬 발걸음은 생활하며 부딪히는 많은 문제에 대해서 의문을 품고 질문을 던지는 것에서 시작해요.

질문을 던지고, 이렇게 생각해 보고 저렇게도 생각해 보는 작업이 처음에는 익숙하지 않을 거예요. 하지만 익숙하지 않다고 그 일을 다른 사람에게 미루는 순간, 여러분은 남들이 정한 정의에 그저 따라야 해요. 그게 옳지 못한 것이라 해도 말이죠. 엄석대가 반에서 횡포를 부리는 것도, 누구는 타고나면서부터 '어린이 주식부자'가 되고, 누구는 평생 비정규직으로 살아가는 것도 내 생각과는 무관하게 결정되어서는 안 되겠지요? 강한 자뿐만 아니라 우리 모두가 더 좋은 세상을 위해 고민하는 과정 속에서 결정되는 정의를 찾아야 합니다.

이어지는 2장부터 6장까지 정의에 대한 본격적인 이야기가 펼쳐집니다. 우리 함께 정의의 길을 따라 가 볼까요?

정의에 대해 이야기할 때 등장하는 사람들은 소크라테스, 플라톤, 아리스
토텔레스부터 롤스, 샌델, 왈저까지 옛날 사람이든 최근 사람이든 모두 외
국사람, 그것도 대부분이 서양 사람이에요. 그렇다 보니 정의에 대해선 서
양 사람들만 이야기한 것처럼 여겨지는 것 같아서 안타까운 마음이 들어
요. 그러면 동양 사람들은 정의에 관심이 없었던 걸까요?

당연히 동양 사람들도 정의에 대해 이야기했어요. 친구들끼리 이야기
를 하다 보면 이야기를 주도하는 아이가 있고 그냥 듣는 아이도 있죠. 마
찬가지로 정의와 법에 대해서도 논의를 주도한 쪽은 대개 서양 사람들이
었어요. 그렇다고 가만히 이야기를 듣고 있는 아이가 아무 생각이 없어서
가만히 있는 게 아니듯이 동양에도 나름의 옳고 그름에 대한 생각이 있었
답니다.

우선 유교에서는 예(禮)와 의(義)가 중요하게 여겨졌어요. 예와 의는 법
을 이루는 요소이기도 했지요.

의라는 것은 유교에서 정의와 같은 것이었다고 할 수 있어요. 의는 '마
땅함'을 의미하는데 다르게 표현하자면 인간이 당연히 해야 할 도리라고
할 수 있어요.

그리고 예는 오늘날의 도덕과 비슷해요. 예는 고대 사회의 거의 모든 사회규범을 포함하고 있었어요. 예를 정의와 같은 것으로 보려는 입장도 있지만 행동하는 방식을 다루는 규범이기 때문에 정의와는 다르다고 할 수 있죠. 정의는 행동하는 방식을 정한 규범이 아니라 그것이 옳은지를 판단하는 문제이니까요.

도가에서는 무위자연(無爲自然)을 주장했어요. 무위자연이란 인위적인 것이 아니라 자연의 순리대로 살아가는 것을 말해요. 따라서 인위적으로 선과 악의 기준을 정하고 강요하는 것은 도가의 사상에는 맞지 않아요. 도가에서는 의를 무시했고, 정치는 소극적으로 아무것도 하지 않는 것이 최고라고 생각했어요.

'의'를 중시한 유가나 '무위자연'의 삶을 추구한 도가와 달리 법을 통해 사회질서를 유지하려는 입장이 있었어요. 바로 법가사상이지요. 앞에서 잠깐 언급했듯이 법의 이념은 정의예요. 그러면 법가도 정의를 추구했을까요? 법가는 법을 기준으로 삼아서 강제로 무언가를 해낼 수 있다는 점을 중요하게 생각했어요. 그러다보니 정의에 대한 이야기는 오히려 뒷전이었지요.

　그 외에도 동양에서 발달한 사상마다 정의에 대해 검토할 부분이 많이 있답니다. 본격적으로 이야기를 하면 여러분이 소화불량에 걸릴 수 있어요. 그러니 일단 여기에서는 옳고 그름의 문제가 서양에서만 논의된 것이 아니라는 점을 알고 넘어가기로 해요. 일단은 지금 오가고 있는 이야기를 이해하기 위한 전반적인 흐름을 익히는 것이 중요하니까요.

2장

각자에게 그의 몫을
주는 것이 정의라고요?

– 플라톤과 아리스토텔레스의 정의

노래를 못하는데
가수가 되고 싶다고?

헌영이의 꿈은 가수입니다. 헌영이는 스스로가 타고난 가수라고 생각해요. 누구보다 '무대체질'이니까요. 반 아이들 앞에 나서는 걸 좋아하고, 아이들이 자신의 행동에 환호하면 재미있다고 생각해요. 게다가 악기도 엄청 잘 다뤄요. 피아노랑 기타를 수준급으로 연주하지요. 얼마 전에는 기타 연주 영상을 UCC로 만들어 올렸는데, 조회 수 1위에 오르기도 했어요. 그런데 헌영이가 가수가 되겠다고 하면 다들 말립니다. 왜 그럴까요? 헌영이의 주변 사람들의 말을 들어볼까요?

"하하. 네가 무슨 가수를 하겠다는 거니? 성대가 약해서 음정이 떨리잖아."

"판사 같은 법조인이 되는 게 어때? 넌 문제를 지혜롭게

잘 해결하잖니?"

"헌영아! 음악은 취미로 하는 게 좋겠다. 너 노래도 잘 못하잖아."

안타깝게도 헌영이는 노래를 잘하는 편이 아니라서 주변 사람들은 헌영이가 가수되는 걸 반대합니다. 또 헌영이가 좋아하는 것 대신 잘할 수 있는 것을 하라는 것도 반대의 이유입니다.

진로에 대해 고민하는 학생들 중에는 하고 싶은 것과 잘하는 것 사이에서 고민하는 경우도 많이 있습니다. 만약 어떤 일을 잘하는 사람이 정해져 있고, 그 사람은 꼭 그 일을 해야 한다면 진로에 대해 고민하지 않아도 되겠죠. 또 그 일을 잘하는 사람에게 맡기면 착착 진행되고 더 좋은 사회가 될지도 몰라요.

말도 안 된다고요? 그런데 실제로 고대 철학자 플라톤과 아리스토텔레스는 주어진 능력에 따라 사회의 역할을 맡아야 한다고 주장했어요. 플라톤과 아리스토텔레스가 왜 이런 주장을 했는지 살펴볼까요?

소질에 맞게 정해진 자리가 있어

플라톤이 주장한 정의에 대해 들어보기 전에 플라톤이 어떤 사람인지, 그가 세상을 어떤 식으로 바라보았는지를 알아볼까요?

플라톤은 기원전 427년부터 347년까지 살았던 고대 그리스의 철학자예요. 아리스토텔레스와 함께 서양철학의 기초를 마련한 철학자로 인정받고 있어요. 자신의 저서인 『국가』, 『정치가』, 『법률』에 그의 철학적 입장이 잘 나타납니다.

플라톤은 이 세상을 모조품이라고 생각했어요. 누구도 본 적은 없지만 완벽한 세계가 있는데, 우리가 살고 있는 이 세상은 그 이상적인 세계와 비슷하게 만든 모조품이라는 게 플라톤의 생각이었어요. 이 이상적인 세계를 '이데아'라고 합니다. 플라톤은 이렇게 상상 속의 세계인 이데아의 모조품을 만드는 것이 우리가 할 일이라고 생각했어요. 되도록 똑같이요.

무슨 말인지 모르겠다고요? 여러분이 친구들과 함께 스케치북에 그림을 그리는 과정을 떠올려 보면 쉽게 이해할 수 있어요. 모두가 같은 만화 주인공을 머릿속에 떠올린 뒤 각자 앞에 놓인 스케치북에 그림을 그리는 거예요. 잘 그리는 친구도 있고 못 그리는 친구도 있겠지만 원래 떠올린 만화 주인공과 조금씩은 다를 거예요. 이처럼 우리가 사는 세상은 이상적인 세계와 비슷하긴 하지만 똑같진 않겠죠.

자, 그러면 플라톤이 생각한 정의는 무엇이었는지 살펴볼까요?

플라톤의 정의론은 『국가』의 제4권에 잘 나타나 있어요. 플라톤의 정의는 이데아와 현실 세계를 나누고 현실이 이데아의 모조품이라고 보는 것에서 시작해요.

앞서 만화 주인공을 그렸던 친구들의 그림 실력이 서로 다른 것처럼 사람마다 이데아의 모조품을 만드는 소질에도 차이가 있어요. 플라톤은 그것이 지혜, 용기, 욕망이라는 성품을 사람마다 다른 비율로 지니고 있기 때문이라고 했지요. 어떤 사람은 지혜가 뛰어나고, 어떤 사람은 용기가 넘쳐요. 그리고 그에 따라 추구해야 할 덕도 달라진다고 했어요. 지혜로운 사람은 이성을, 용기 있는 사람은 결단력을, 욕망이 있는 사람은 절제를 추구해야 한다는 거예요.

플라톤은 머릿속 모조품인 이데아를 잘 그리기 위해서는 무엇보다 이성의 힘이 있어야 한다고 했어요. 그래서 이성을 갖춘 사람이 우리 공동체를 이데아로 이끌어 주어야 한다고 했지요. 용기를 많이 가진 사람과 욕망을 많이 가진 사람도 각자 할 일이 군인과 생산자로 정해졌답니다. 그래서 플라톤은 정해진 대로 내 일을 해내고, 다른 일에 간섭하지 않는 게 정의라고 생각했어요. 플라톤은 각자의 소질에 맞게 주어진 역할을 잘 수행하는 나라를 '이상국가*'

라 했습니다.

플라톤의 생각대로라면 지혜로운 헌영이는 가수가 되는 것보다 정치가가 되는 게 옳아요. 헌영이가 해야 할 일은 이성의 힘으로 이데아를 향해 나아가는 것이죠. 다른 일에는 눈을 돌려선 안 되고요.

★ 이상국가 플라톤은 훗날 시칠리아 남부의 시라쿠사에서 자신의 이상에 맞는 국가 개혁을 시도했지만 이것은 실패로 끝났다.

이처럼 플라톤이 생각한 정의는 꽤 근사하게 보일 수도 있지만 다른 한편으론 꽤나 부당한 면이 있어요. '각자에겐 자기 몫의 할 일이 정해져 있으니 다른 일을 넘보지 말라'는 주장은, 내 몫으로 정해진 일이 아닌 다른 역할을 하고 싶은 사람에게는 옳지 못하다고 느껴질 거예요. 이런 점에서 플라톤의 정의는 봉준호 감독의 영화 〈설국열차〉에 등장하는 메이슨 총리의 생각과 비슷해요.

〈설국열차〉는 빙하기를 피해 열차로 피신한 사람들이 폭동을 통해 열차 안에서 더 좋은 자리를 찾아가는 과정을 그렸어요. 먹을 것도 부족하고 햇빛도 들지 않는 감옥 같은 곳인 열차의 꼬리 칸에서 17년을 견뎌온 사람들은, 더 좋은 환경을 가진 앞쪽 칸의 자리를 차지하기 위해 싸움을 벌여요. 한 차례 난동이 있었던 어느 날, 열차에서 두 번째로 높은 사람인 메이슨 총리는 꼬리 칸 사람들에게 연설을

하지요. 열차를 처음 탈 때부터 정해진 자리가 있으니 자기 자리를 지키라는 거였죠.

"누가 머리에 신발을 신겠습니까? 머리에는 신발이 아니라 모자를 써야죠. 나는 앞 칸에 속하고, 당신들은 꼬리 칸에 속합니다. 자신의 위치를 아세요! 자신의 자리를 지키세요!"

꽤 그럴싸하게 들릴 수도 있지만 결국 좋은 음식을 먹는 사람들이 바퀴벌레나 먹어야 하는 사람들에게, 햇빛과 나무를 볼 수 있는 사람들이 햇빛조차 볼 수 없는 곳에서 사는 사람들에게 지금의 모든 불이익을 감수하라는 말이에요.

플라톤의 정의도 메이슨이 한 말과 비슷해요. 플라톤은 우리 영혼이 어떻게 생겼느냐에 따라 갖춰야 할 덕이 달라진다고 생각했어요. 결국 지혜로운 사람은 정치를 하고, 용기 있는 사람이 군인이 돼야 하며, 욕망 덩어리인 일반 대중은 절제를 하면서 생산자로 살아야 하죠. 그렇게 각자의 덕에 따라 사는 것, 그리고 그런 각자의 자리를 침범하지 않는 것. 그게 바로 플라톤의 정의입니다.

너의 가능성을 실현시켜라

플라톤의 정의론을 발전시킨 사람은 아리스토텔레스입니다. 아리스토텔레스는 어떤 사람일까요? 그는 기원전 384년에 태어나 기원전 322년경에 사망한 그리스 철학자예요. 아리스토텔레스는 철학, 수사학, 문학, 생물학 등을 다룬 수백 편의 저서를 남긴 것으로 알려져 있지만, 지금 남아 있는 것은 몇 권 없어요. 아리스토텔레스는 플라톤의 제자였어요. 하지만 플라톤과는 다른 시각으로 세상을 바라보았답니다.

플라톤은 우리가 사는 현실과 완전한 세계인 이데아를 구분하고, 우리가 알고는 있었지만 잊어버린 이데아를 닮기 위해 노력해야 한다고 했어요. 그렇기 때문에 이데아를 볼 수 있는 성품인 '이성'을 강조했죠. 또 국가는 국민이 자신의 능력을 잘 발휘하도록 이성, 결단력, 욕망 중 어느 것이 강한지에 따라 각자가 잘할 수 있는 일을 줘야 한다고 했지요. 이렇게 해야 하는 이유는 이데아로 나아가기 위해서였어요.

하지만 아리스토텔레스는 이데아라는 상상 속 세상이 아니라 우리가 사는 현실에 집중했어요. 세상의 모든 것은 각자의 목적을 가지고 태어났고, 그것을 실현시키는 것이 중요하다는 게 아리스토텔레스의 기본 바탕이 되는 생각이에요. 플라톤이 현실과 이상을 나눴다면 아리스토텔레스는 그 둘을 하나로 보았어요. 아리스토텔레스는 우리의 목표를 이데아라는 상상 속 세계가 아니라 우리가 살고 있는 현실 세계에서 발견하려 했고, 사람 사이의 관계도 중요하게 여겼죠. 플라톤이 이상국가로 나아가기 위해 국가 차원에서 '각자의 몫'을 나누는 것에 집중했다면, 아리스토텔레스는 현실 세계 안에서 덕을 실현시키며 살아가는 것에 관심을 두었습니다.

그럼에도 아리스토텔레스의 정의론은 그의 스승인 플라톤의 정의론과 비슷한 면이 많이 있어요. 아리스토텔레스가 플라톤의 이론을 바탕으로 정의에 대한 생각을 발전시켰기 때문이지요. 둘 다 정의를 '각자에게 그의 몫을*' 나누어 주는 것이라고 본 점이나 노예제도를 부정하지 않았다는 점이 같지요.

그렇다고 아리스토텔레스가 주장한 정의가 플라톤의 정의와 완전히 같지는 않아요. 플라톤의 정의는 나라의 질

* 각자에 그의 몫을 이 표현은 고대 로마의 법학자인 울피아누스가 정의를 "각자에게 그의 몫을 돌리려는 항구적인 의지"라고 말한 것에서 유래했다. 그러나 플라톤이나 아리스토텔레스가 다루는 '사회 안에서 분배'를 잘 표현하는 말이어서 플라톤과 아리스토텔레스를 설명할 때 종종 쓰이는 표현이다.

서에 대해 정리했다는 측면에서는 훌륭한 업적을 남겼지만, 사람 사이의 관계를 자세히 다루지 못했다는 점에서 아쉬움이 남아요. 이 점을 아리스토텔레스가 극복하고 사람과 사람의 관계에서의 정의론을 발전시켰어요.

같은 것은 같게, 다른 것은 다르게

그럼 지금부터 아리스토텔레스가 주장한 정의에 더 다가가 보겠습니다. 앞서 살짝 언급했듯이 아리스토텔레스는 국가만이 아니라 우리들 각자의 관계 속에서의 정의에 대해서도 보다 분명하게 이야기했어요. 아리스토텔레스는 정의란 이웃들과의 관계에서 덕을 실현하는 것에서 출발한다고 했지요. 이것만 봐도 아리스토텔레스가 정의를 인간관계에서 찾으려 노력했다는 것을 알 수 있습니다. 인간관계에서의 정의 문제 중에서도 특히 명예나 금전과 관련된 문제에 관심을 가졌어요. 아리스토텔레스가 정의에 대해 이야기한 『니코마코스 윤리학』의 5권 중 일부를 보면서 그가 생각한 정의가 무엇이었는지 차근차근 곱씹어 보겠습니다.

정의와 거기 대응하는 옳음 가운데, (A) 한 종류는 명예나 금전이나 이 밖에 국가의 공민 간에 분배될 수 있는 것들의 분배에 있어서의 그것이요, (B) 다른 한 종류는 사람과 사람의 상호교섭에 있어서 시정하는 구실을 하는 그것이다. (B)는 다시 둘로 나누어진다. 상호 교섭 가운데 어떤 것은 유의적이고 또 어떤 것은 무의적이다. 유의적인 것으로는 판매·구매·대금·전당·대여·위탁·대가 같은 것이 있고, 무의적인 것 가운데는 (a) 절도·간음·독살·유괴·노예유출·암살·위증처럼 은밀한 가운데 행해지는 것과 (b) 구타·감금·살인·강탈·치상·학대·모욕처럼 폭력적인 것이 있다.

　무슨 말인지 이해하기 어렵고 길죠? 걱정 마세요. 함께 이야기하다 보면 금방 이해할 수 있을 거예요.
　아리스토텔레스는 정의란, 많이 가지는 것도 아니고, 적게 받는 것도 아닌 그 중간이라고 생각했어요. 다시 말해서 자기 몫이 있으면 그것보다 많이 받는 것도, 적게 받는 것도 옳지 못하다는 것이지요.
　많지도 적지도 않은 중간이 뜻하는 것은, 1장에서 나온 『우리들의 일그러진 영웅』의 엄석대를 떠올려 보면 이해하기 쉬울 거예요. 석대는 자기 대신 공부 잘하는 친구에게 시험을 보게 하고, 자기가 마실 물도 반 친구에게 떠 오게 했어요. 이런 행동은 같은 반 친구로서 받아야 할 몫보다 훨씬 많이 받은 것이에요. 이와 반대로 다른 친구들은 시험에서 석대가 받았어야 할 나쁜 점수를 받고, 물 시중을 들었어요. 이것은 같은 반 친구로서 받아야 할 몫을 다 받지 못한 것이죠. 그래서 석대의 몫도, 그 반의 다른 친구들의 몫도 자기가 받아야 할 몫보다 많거나 적기 때문에 옳지 못한 거예요.

한편 아리스토텔레스는 정의의 종류를 둘로 나눴어요. 하나는 명예나 금전처럼 공동체 안에서 나누어 가질 자기 몫에 관한 것이고, 다른 하나는 사람과 사람 사이에 주고받는 것을 바로잡는 구실을 하는 것이에요. 앞의 것을 '배분적 정의', 뒤의 것을 '시정적 정의'라고 불러요. '배분'이란 뭔가를 나눈다는 뜻이고, '시정'이란 잘못된 것을 바로잡는다는 뜻이에요.

정의를 이렇게 둘로 나눈 이유는 저 두 가지가 '중간', 즉 많지도 않고 적지도 않은 올바른 상태를 정하는 방식이 서로 다르기 때문이에요.

국가 안에서 명예나 금전 등을 나누어 가지는 배분적 정의에서 어떻게 각자의 몫을 정하는 게 옳을까요? 예를 들어 설명하자면 앞서 이야기했던 헌영이가 가수가 되느냐 마느냐 하는 것이 대표적인 배분적 정의 문제에 해당합니다. 누군가 직업을 선택한다는 것은 사회 안에서 정해진 수의 직업을 나누어 갖는 문제이니까요. 직업의 수는 제한되어 있고, 사람들에게 인기 있는 직업이 있을 경우에, 하고 싶어 하는 사람이 모두 그 직업을 가질 수는 없어요. 그렇기 때문에 하고 싶다는 마음보다 각자의 능력을 고려해 적합한 자리를 골고루 나누어 갖는 것이 올바른 방법이라는 것입니다. 능력에 넘치지도 않고, 능력이 부족하지도 않은, 자기에게 딱 알맞은 직업을 나눠 갖는 것이 옳고, 그것이 각자의 몫을 정하는 방법이라는 것이 아리스토텔레스의 생각인 거죠.

그렇다면 사람과 사람들이 서로 무엇인가를 주고받을 때의 정의에서 각자의 몫을 정하는 법은 어떻게 다를까요? 가장 큰 차이점은 무엇인가를 주고받는 사람이 누구인지, 그 사람이 어떤 능력이 있는지가 중요하지 않다는 거예요. 이때 중요한 것은 '준 만큼 받고, 받은 만큼 주는 것'이죠.

예를 들어 헌영이가 문방구에서 볼펜을 산다고 생각해볼까요. 300원짜리 볼펜을 구입하면 300원을 지불해야 합니다. 이건 헌영이뿐만 아니라 누구나 똑같은 금액을 지불해야 하죠. 공부를 잘하거나, 얼굴이 예쁘거나 마음이 착하거나 하는 것은 상관없어요. 누구나 똑같죠. 이것을 시정적 정의라고 부릅니다. 다음 식을 한번 보세요.

문방구 주인[볼펜(300원)] = 헌영[300원]

문방구 주인이 헌영이에게 볼펜을 주면 헌영이도 300원을 줘야 해요. 만약 헌영이가 300원짜리 볼펜을 사면서 200원을 주면 문방구 주인은 자기가 받아야 할 몫보다 적게 받는 거고, 헌영이는 자기가 받아야 할 몫보다 많이 받게 되는 거죠. 반대로 헌영이가 300원짜리 볼펜을 500원을 주고 사면 문방구 주인은 받아야 할 몫보다 많이 받은 것이고, 헌영이는 자기가 받아야 할 몫보다 적게 받게 되는 거죠. 그래서 이런 경우엔 누구나 똑같이 300원짜리 볼펜은 300원을 내고 구매해야 서로의 몫이 더 많지도 적지도 않은 중간이 되는 거예요. 이런 게 시정적 정의입니다.

이처럼 아리스토텔레스의 정의는 사람 사이의 관계에서 많지도 적지도 않은 중간을 찾아가는 것이에요. 아리스토텔레스는 인간을 포함한 세상 만물이 각자의 목적을 가지

고 태어났다고 보았기 때문에 그 목적을 실현시키는 것을 중요하게 생각했어요. 그것이 세상에서 우리가 받을 각자의 몫이니까요. 그래서 '목적 실현'이라는 관점에서 사회적 배분이 이루어졌지요. 또 거래라든가 손해에서 발생하는 금전적 문제에 대해서는 그 사람이 어떤 목적을 가지고 태어났느냐와 관계없이, 오고 간 금액이 평형을 이루도록 하는 것을 이상으로 삼았답니다.

평등이 정의일까?

지금까지 알아본 플라톤과 아리스토텔레스의 정의를 바탕으로 살핀다면 현영이는 가수가 되어서는 안 됩니다. 노래를 못하니까요. 노래를 더 잘하는 누군가가 가수가 되고, 현영이는 자신의 지혜로움을 잘 살려서 판사가 되는 게 플라톤이나 아리스토텔레스 방식의 정의론입니다. 직업이 적당한 사람들에게 잘 나누어졌기 때문에 플라톤은 이데아에 더 가까워졌다고 할 테고, 아리스토텔레스는 각자가 타고난 목적에 맞게 정의가 실현되었다고 좋아할 거예요.
　플라톤도 아리스토텔레스도 정의를 평등으로 생각했다

고 볼 수 있어요. 평등이란 같은 것은 같게, 그리고 다른 것은 다르게 취급하는 것을 말해요. 오늘날도 국가에서 명예나 금전을 나눌 때나 무엇을 주고받을 때에는 평등한 취급을 요구합니다. 이것은 고대 철학자들의 오래된 생각이지만 오늘날까지 의미가 있는 거예요. 그만큼 플라톤과 아리스토텔레스의 정의론은 대단한 성과라고 할 수 있지요.

그러나 헌영이가 무엇이 되고 싶은지는 무시한 채 정해진 자리로 가라 하는 것이 과연 옳은 걸까요? 평등하게, 능력에 맞게 대하는 것이 잘못된 것은 아니지만 분명히 내키지 않는 결론에 다다르고 말았어요.

아리스토텔레스는 세상의 모든 것은 각자 목적을 가지고 태어났고, 그것을 실현시키는 것이 중요하다고 했어요. 이 생각을 바탕으로 한다면 목적에 맞게 자리를 찾아 주는 것은 국가의 역할이 됩니다. 이게 옳을까요? 내 의지와는 상관없이 정해진 기준은 받아들이기 힘들죠. 안타깝게도 아리스토텔레스는 이 점을 놓쳤어요. 정의에 대한 이야기가 여기서 끝날 것 같지는 않네요. 우리 같이 다음 장에서 더 살펴보기로 해요!

정의를 상징하는 동물

여러분, 동양에 정의를 상징하는 동물이 있다는 걸 알고 있나요? 어떤 동물이 떠오르나요? 독수리나 호랑이, 또는 용을 떠올리는 친구들도 있을 거예요. 사실 정의를 상징하는 동물은 이 세상에 없는 동물이에요. 상상 속에서 만든 동물이거든요. 바로 해치(해태)입니다!

중국의 기록을 살펴보면 해치는 머리에 뿔이 하나 있고 전체적인 생김새는 기린을 닮았다고 해요. 동물원에 있는 기린 말고 상상 속의 동물 '기린'이요. 그리고 발톱은 양과 비슷하고, 두툼한 꼬리가 있었다고 하죠. 몸은 푸른 비늘로 덮여 있었고요.

상상 속의 것인지라 이름도 제각각이어서 '해치'라고도 하고, 또 '신양', '식죄', '해타'라고도 불렸지요. 우리나라에서는 '해태'라고 부르는 경우가 많아요. 아마 위의 이름 중 '해타'에서 유래된 게 아닌가 합니다.

해치는 정의를 상징하는 동물로 여겨졌기 때문에 궁궐에 세워두기도 했어요. 경복궁의 정문인 광화문 앞에도 해치상이 나란히 있고요, 경복궁 근정전의 돌계단에도 해치상이 있어요. 이런 조각상을 두어서 왕이 정의롭다는 것을 보여주기도 했고, 또 그곳을 오가던 신하들이 스스로 정의롭지 못한 것을 경계하도록 한 것이지요.

어우~
내가 빠져서 그래!
내가 있으면 부정한 것은
다 들이받아 주는데.

쯧!

　　중국 최초의 국어사전이라고 할 수 있는 『설문해자』라는 책에는 해치
에 관한 재미있는 내용이 있어요. 『설문해자』는 1만 개의 한자를 설명한
책으로 이 책에는 '법'이라는 글자에 대한 설명도 나옵니다. 그런데 이 책
에서 설명한 '법'이라는 글자가 오늘날 우리가 쓰는 법이라는 글자와는
다르게 생겼어요. 지금 우리가 쓰는 글자인 法(법)은 물수 변[氵(水)]에 갈
거(去)로 이루어져 있어요. 그런데 『설문해자』에서 설명된 灋(법)이라는 글

자는, 물 수 변[氵(水)]과 갈 거(去)에 해태 치(廌)라는 글자가 덧붙어 이뤄진 글자예요. 그리고 아래와 같은 설명이 쓰여 있지요.

刑也, 平之如水, 從水, 廌所以觸不直者去之, 從廌去
형야, 평지여수, 종수, 치소이촉부직자거지, 종치거
법은 형벌이다. 물과 같이 고르게 한다는 의미에서 수(水) 자를 따르고, 해치(廌)는 바르지 못한 사람을 들이받아 제거하므로 치(廌)와 거(去)를 따랐다.

법이 정의를 추구하기 때문에 이렇게 법이라는 글자에 정의의 상징인 해치가 들어갔던 것이겠지요.
요즘 '법이 이상해서'라며 언짢아하는 사람들을 많이 볼 수 있어요. 혹시 '법'이라는 글자에서 정의(해치)가 사라져 버렸기 때문이 아닐까요? 쓰기 복잡한 글자가 단순해진 것은 좋지만, 글자 속 정의의 빈자리를 정의롭지 못한 것이 채운 것은 아닌지 고민해 봐야겠어요.

3장

하늘이 무너져도
정의를 세워야 한다고요?

정의의 이름으로
널 용서하지 않겠다

★ 학교폭력 흔히 '학교폭
력'이라는 말은 학교에서 이
루어지는 모든 폭력 중 '학
생들 사이의 폭력'만을 문제
삼고 있다. 다른 폭력을 포
함하지 못하기 때문에 문제
를 근본적으로 접근할 때에
한계가 있는 개념이다.

'학교폭력★'에 시달리다 결국 극단적인 선택을 했다는 청소년들의 이야기를 언론매체를 통해 심심찮게 접하게 됩니다. 극단적인 선택을 하지 않는다 해도 '빵셔틀', '왕따' 등으로 힘들어하는 친구들의 이야기도 자주 접할 수 있어요. 심각한 경우는 선생님이나 부모님들의 관심만으로 해결할 수 없어서 학교에 경찰관이 머물며 학교폭력을 해결하고자 노력하기도 하지요. 애들이라고 봐 주니까 폭력이 점점 심해진다며 강한 처벌을 요구하는 목소리도 들려요.

이런 상황에서 가해 학생에게 쏟아지는 시선을 잘 들여다보면 "하늘이 무너져도 정의를 세워라!"라는 칸트의 말이 떠

올라요. 칸트는 형벌을 정의의 명령이라 여겼고 그래서 형벌은 반드시 집행돼야 정의롭다 했습니다. 예외도 인정하지 않았어요. 칸트의 이런 주장은 나쁜 행동을 한 아이에게 끝까지 책임을 묻고, 무조건 엄격하게 벌을 내려야 한다는 주장과 비슷합니다.

무슨 일이 있어도 죗값을 치르게 해야 한다고 생각하는 건 칸트뿐만이 아닙니다. 영웅이 등장하는 만화나 영화 속

주인공도 악당을 몰아내고 정의로운 사회를 만들었죠. 한때 유행했던 〈달의 요정 세일러문〉이라는 만화에 이런 점을 잘 보여 주는 대사가 나왔지요.

"정의의 이름으로 널 용서하지 않겠다!"

이번 장에서는 학교폭력 문제를 벤담의 공리주의와 칸트의 정언명령의 입장에서 살펴볼까 합니다. 두 사람의 정의론을 살펴보면 학교폭력뿐만 아니라 우리 사회가 범죄자를 비난하는 태도에 대해서도 더 잘 이해할 수 있게 될 거예요.

모두의 행복을 위해선 고통의 근원인 악당을 없애는 것만이 방법일까요? 꼭 없애지 못하더라도 악당에게 강한 형벌을 내리는 것이 항상 옳을까요? 무엇이 정의로운 것일지 함께 이야기해 봐요.

너 하나만 희생하면 돼

공리주의에 대해 알아보기 위해선 먼저 벤담에 대해 알아봐야 해요. 벤담은 1748년 영국에서 태어났어요. 법률가였던 할아버지와 아버지 밑에서 엄격한 교육을 받은 그는 1832년 생을 마감하기까지 공리주의 관점에서 정의론을 연구했지요. 또한 당시 영국의 법체계가 중산층의 이익을 제대로 반영하지 못한다고 생각한 벤담은 이론뿐만 아니라 현실에서도 정의가 실현될 수 있도록 노력을 기울였습니다.

벤담은 1789년 발표한 『도덕과 입법의 원리 서설』에서 공리주의를 주장했습니다.

벤담의 공리주의의 핵심은 사회 전체의 쾌락을 크게 하고 불쾌를 작게 하는 거예요. 누구나 배가 고프면 밥을 먹습니다. 밥을 먹으면 배가 고픈 고통이 작아지고, 맛있고 배부르니까 쾌락이 커져요. 졸릴 때 잠을 자면 졸린 고통을 작게, 숙면이 주는 쾌감을 크게 만드는 거예요. 이런 개인의 쾌락과 불쾌처럼 사회 전체의 쾌락과 불쾌가 있어요. 벤담은 사회 전체의 쾌락을 크게 만드는 것이 중요하다 했지요. 말 그대로 최대 다수의 최대 행복은 전체 사회의 행복치를 높이기 위한 이론이라는 점에서 꽤 매력적입니다.

그러나 전체 쾌락의 크기와 행복에만 관심을 둔 공리주의는 사회 구성원 각자의 행복에 대해서는 관심이 없었어요. 사회 전체의 행복이 크다면 개인의 행복이 크던 작던지 상관없다는 뜻이에요. 사회의 행복이 크면 개인의 행복도 커질 것 같지만 꼭 그렇지만은 않거든요. 무슨 뜻인지 숫자로 설명해 볼게요.

5명의 사람이 3만큼 행복한 경우와 5만큼 행복한 경우가 있다면 행복의 전체 크기는 5만큼 행복한 경우가 더 클 거예요.

$$3+3+3+3+3=15 \quad < \quad 5+5+5+5+5=25$$

하지만 똑같이 전체 쾌락이 큰 상태여도 각자의 행복은 다를 수 있어요.

$$10+5+5+5+0=25$$

이 경우 3만큼 행복한 사람이 5명인 경우(15)보다 행복의 합은 커요. 벤담의 공리주의에 따르면 쾌락의 합이 큰 것이 좋은 것이기 때문에 합이 25가 되는 경우가 15가 되는 경우보다 더 좋은 거예요. 그런데 무조건 숫자가 크다고 행복의 가치가 커지는 것은 아니에요. 0이라는 몫을 가진 사람의 행복은 누가 책임지나요?

학교폭력을 이런 방식으로 설명해 볼게요. 만약 학교폭력이 발생했지만 선생님이나 부모님이 관심을 가지기 전이라면 괴롭힘을 당하는 학생만 고통스럽습니다. 내가 괴롭힘 당하는 당사자가 아닐 경우 내 행복에 크게 문제가 생기지 않으니 피해 학생을 모른 척하는 경우도 많이 있어요. 이럴 때 피해 학생의 몫은 0이에요. 가해 학생을 비롯해 다른 학생들의 몫이 5나 10일 경우 전체 행복의 합이

25가 되겠죠.

　이제 같은 방법으로 가해 학생에 대해 생각해 보죠. 가해 학생의 나쁜 행동이 알려져서 처벌을 받게 됐어요. 이때 불쾌를 많이 줄이면 줄일수록 쾌락이 커진다는 공리주의에 따르면 폭력을 저지른 학생만 사라지면 나머지 사람들의 행복은 커져요. 퇴학이나 전학이라는 방법으로 학교에서 내쫓는다거나 소년원에 보내는 방법으로 그의 몫을 0으로 만들면 사회의 행복이 커지는 거죠. 하지만 이런 사회에서 가해 학생은 다시 그 사회 구성원으로 지낼 수 없어요. 그럼에도 공리주의적 시각에서는 그 사회의 구성원으로 다시 잘 지낼 수 있도록 그의 몫을 보장하는 것은 좋은 방법이 아닌 거죠. 불쾌가 0보다 덜 줄었으니까요.

　이러한 시선은 사회가 범죄자를 대할 때도 똑같이 나타나요. 가해자 하나만 사회에서 내쫓으면 모두가 평화로워진다는 논리를 많은 사람이 펼치기도 하고요. 그 과정에서 가해자가 반성하고 사회 구성원으로 돌아오기 위한 방안이라든지, 범죄가 발생하기까지 사회가 범죄에 미친 크고 작은 영향에는 그다지 관심을 두지 않지요.

　분명히 사회 전체의 행복을 최대로 만들려는 공리주의의 생각은 더 살기 좋은 사회로 나아가는 힘이 되어 줄 것

처럼 보여요. 하지만 전체를 위해 누군가에게 희생을 강요
할 수도 있다는 점에서 공리주의는 위험한 부분이 있어요.
누군가를 제물로 삼아서 다수의 행복을 위한 수단으로 다
루지 말고, 하나의 가치 있는 인격체로서 대우할 수는 없
을까요?

내 가슴 속에 빛나는 도덕법칙

벤담이 공리주의를 주장한 『도덕과 입법의 원리 서설』을 쓰
고 5년이 지났습니다. 독일의 어느 시골마을에서 한 남자가
밤하늘을 보며 감탄하고 있었어요.

생각하면 할수록 언제나 감탄스럽고 경건한 마음을 불러일
으키는 것이 두 가지가 있다.
하나는 밤하늘에 반짝이는 별들이고, 하나는 가슴 속에
빛나는 도덕법칙이다.

칸트, 『실천이성비판』 중

이 유명한 말을 남긴 사람은 칸트입니다. 1724년 독일에

★ 인식론 인식론은 모든 지식은 인간이 인식할 수 있는 것이어야만 한다는 감각론을 이야기한다. 인식 일반의 근본 문제를 다루는 철학의 한 부문이다.
★ 정초 사물의 기초를 잡아 정하는 것을 말한다. 집을 짓는 것에 비유하자면 '주춧돌을 놓은 것'과 같다.

서 태어난 그는 1804년 사망할 때까지 다양한 분야에 중요한 연구를 남겼습니다. 특히 인식론★과 윤리학에 두각을 나타냈고, 오늘날에도 많은 학자가 칸트의 이론을 이어받고 있습니다. 『순수이성비판』, 『실천이성비판』, 『판단력비판』과 『윤리형이상학 정초★』, 『영구평화론』 등의 저서가 많은 사랑을 받고 있어요.

칸트는 조금 전 인용된 『실천이성비판』의 기초가 된 『윤리형이상학 정초』라는 책에서 도덕과 정의에 관한 이야기를 했어요. 칸트의 도덕철학은 이 두 작품에 이은 『윤리형이상학』에서 결실을 맺습니다.

칸트는 공리주의를 비판하며 정의에 관해 다른 주장을 펼쳤지요.

칸트는 옳은 행동을 선택하는 것이 다른 동기가 아니라 의무감에 따른 것이어야 한다고 주장했어요. 동정심이나 분노와 같은 감정적 동기도 도덕법칙이 요구하는 행동을 이끌 수는 있지만 이러한 감정은 항상 그러한 행동을 일으키는 것이 아니기 때문에 적절하지 않다고 했어요. 예를 들어, 동정심이 생기면 누군가를 도울 수 있지만 동정심이 생겼을 때 항상 누군가를 돕는 것은 아니니까요. 동정심이 생겼어도 그저 슬퍼하기만 할 수도 있잖아요. 이처럼 감정적 동기에 따른 행동은 도덕법칙에 맞아 떨어질 수도 있고 아닐 수도 있는 우연적인 것에 반해, 의무감에서 비롯된 행동은 항상 당연하게 도덕적인 행동을 일으킨다는 게 칸트의 생각입니다.

그래서 칸트는 '선의지'라는 것을 강조했어요. 선의지란 의무에서 옳은 행동을 선택하는 의지를 말해요. 즉, 동정심이나 분노와 같은 감정적 동기 같은 것 때문이 아니라, 오직 그렇게 행동하는 것이 옳기 때문에 옳은 행동을 선택하도록 하는 것이 선의지입니다.

예를 들어 교장선생님이 학교폭력 가해 학생에게 봉사 등의 선도 조치*를 내린다면, 그 이유는 오직 선도 조치를 내리는 것이 옳기 때문이어야 하는 거죠. 다른 친구들에게 폭력이 나쁘다는 것을 보여 주기 위한 것도 아니고, 가해 학생이 스스로를 돌아보며 반성하게끔 하기 위한 것도 아니고, 오직 그것이 옳기 때문이어야 합니다. 다시 말해 선의지는 내가 어떤 옳은 행동을 스스로 의무라고 생각하고

★ 선도 조치 '학교폭력예방 및 대책에 관한 법률'에서는 학교폭력이 발생했을 경우 학교폭력자치위원회가 학교장에게 서면사과, 보복행위금지, 봉사활동 등의 선도 조치를 요구할 수 있다고 규정한다.

받아들일 때 생겨나는 것이에요.

칸트가 다른 감정을 배제하고 오직 의무감을 기초로 한 선의지를 강조한 이유는 무엇이었을까요? 그건 사람이 물건과 다르게 자기 의지에 따라 행동할 수 있다는 생각 때문이었어요. 만약에 여러분이 보고 있는 이 책을 들었다가 그대로 손을 놓는다면 책은 바닥에 떨어질 거예요. 마찬가지로 여러분을 누군가가 들어 올렸다가 놓으면 여러분도 바닥에 떨어집니다. 공중에 뜨면 떨어진다는 점에서 사람과 물건과 똑같아요. 하지만 사람이 물건과 다른 점은 사람은 도덕적으로 행동할 의지가 있다는 점이에요. 물론 이 도덕법칙은 '그래야 한다'는 것이어서 실제로 '그렇다'는 것과는 차이가 있습니다. '길에 쓰레기를 버리면 안 된다'고 해서 모두가 길에 쓰레기를 안 버리는 것은 아닌 것처럼 말이에요. 하지만 사람은 '길에 쓰레기를 버리면 안 된다'는 도덕법칙에 구속될 수도 있습니다. 사람에겐 하면 안 된다는 생각이 들면 그렇게 행동하지 않을 의지가 있는 거죠.

또한 어떤 행동이 도덕적으로 되기 위해서는 다른 동기가 아닌 오직 의무감에서 비롯되어야 한다고도 했습니다. 의무감에 따라 선택하는 의지가 선의지입니다.

그런데 좋은 행동을 오직 선의지에 따라 결정하게 만드

는 것이 무엇일까요? 칸트는 그것을 '정언명령'으로 설명합니다. 여기에서 '정언'이란 '~한다면'이라는 조건이 붙는 '가언'과 반대되는 개념입니다. 따라서 정언명령은 조건이 없이 무조건 따라야 하는 명령을 뜻하지요. 칸트에게 정언명령이야말로 나를 의무감에 사로잡히게 만드는 "내 가슴 속에 빛나는 도덕법칙"입니다. 언제나 누구에게나, 무조건 그러해야 하는 법칙으로 칸트는 두 가지를 주장했습니다.

❶ 내가 기준으로 삼은 행동방식이 보편적일 수 있어야 한다.
❷ 사람은 그 자체로 목적이지 수단이 아니다.

첫 번째 법칙은 내가 기준으로 삼은 행동방식이 보편적으로 모두에게 적용될 수 있어야 한다는 것이에요. 만약 친구를 밥 먹듯이 괴롭히는 사람이 있으면 그 사람이 삼은 기준은 누구나 친구를 괴롭혀도 된다는 것이겠죠. 그런데 누구나 친구를 괴롭혀도 된다는 행동방식을 모두가 받아들이고 따르게 되면 어떤 일이 벌어질까요? 친구 사이가 엉망이 되겠죠. 그런 행동방식은 보편적으로 받아들여질 수 없어요.
우리가 자라면서 하면 안 되는 일이라고 배우는 모든 일에 이 법칙을 적용할 수 있습니다. 거짓말도 마찬가지예요.

모두가 거짓말을 해도 된다고 하면 아무도 믿지 못하게 되겠죠.

친구를 괴롭히거나 거짓말을 하는 것처럼 내 마음이 내키는 대로 행동하면 안 되는 이유가 바로 이 법칙 때문입니다. 그런 행동이 보편적으로 모두에게 받아들여지지 않기 때문이죠. 따라서 첫 번째 법칙은 내가 마음대로 행동할 수 없는 경우, 즉 나의 자유가 제한되는 때가 어떤 경우인지 설명하는 거라 할 수 있어요.

두 번째 법칙은 사람을 어떤 목적을 위한 수단으로 대하지 말고, 목적 그 자체로 대하라는 것이에요. 칸트는 사람을 어떤 목적을 위해 희생시키는 것에 반대했어요. 인간은 자유의지를 가진 존재인 만큼 존엄한 대우를 받아야 한다는 것이지요.

학교폭력의 사례를 들어 설명해 보자면, 사회에서 가해 학생을 대하는 태도 중 하나는 '이 아이 하나만 희생시키면 우리 모두가 행복해진다'는 거예요. 가해 학생이나 또는 범죄자를 사회에서 제거하면 사회 전체의 쾌감을 크게 만들 수 있다는 것, 이것이 바로 공리주의적인 사고방식이지요.

칸트는 사람을 수단으로 대하지 말라는 말로 공리주의를 비판했어요. 오직 가해 학생이나 범죄자에게 벌을 주는 것이 옳기 때문에 그 행동을 해야 하는 것이지, 사회의 쾌락을 높이기 위한 수단으로 대해선 안 된다는 게 칸트의 생각입니다.

옳은 것과 맹목의 차이

칸트의 정의론은 공리주의에서 주장한 정의의 문제점을 잘 지적하고 절대적으로 옳은 이상향을 찾아 가려고 노력한 점에서 가치가 있습니다. 그렇지만 칸트의 입장도 완벽하지는 않습니다. 칸트는 무조건 지켜야 하는 정언명령을 주장했지만, '무조건'이란 '맹목*'이 될 수도 있거든요. 이 점에서 칸트의 정의론에도 한계가 있다는 걸 알 수 있습니다. 칸트가 이야기한 '섬의 비유'를 통해 구체적으로 알아보죠.

어떤 자그마한 섬이 하나 있어요. 이 섬에는 사람들이 공동체를 이루며 살고 있었죠. 그중에는 범죄를 저지른 사람이 있고, 또 그 안에는 사형 선고를 받은 사람도 있어요. 그러던 어느 날 굉음이 울리더니 화산이 폭발했어요. 그 섬은 너무 작아서 화산이 폭발하면 아무도 살 수 없어요.

> ★ 맹목 이성을 잃어 적절한 분별이나 판단을 못하는 일을 말한다.

이때 제일 먼저 해야 할 일은 무엇일까요? 칸트는 감옥에 있는 사형수를 모두 사형시키는 것이라고 했어요. 상식적으로 말이 안 되지요. 더 이상 이 섬에서 살 수 없게 되었으니 섬에서 탈출하는 게 가장 먼저 해야 할 일 아닌가요? 만약 배를 구하지 못하면 그대로 물속으로 뛰어들기라도 해야 할 거예요. 그런데 칸트는 정의의 명령에 따라 범죄자를 처형하기로 정했기 때문에 섬에서 탈출하기 전에 그 사형수들을 처형해야 한다고 주장했어요. 너무 고집스럽고 융통성이 없다는 생각이 들지 않나요?

때로 학교폭력에 대처하는 방법도 칸트의 '섬의 비유'와 같은 면을 보일 때가 있어요. 칸트가 형벌은 정의의 명령이니까 어떠한 경우에도 사형수를 처형해서 정의를 실현시켜야 한다고 주장했던 것처럼 무조건 가해 학생을 처벌해야 한다고 주장하거나 가해 학생을 처벌하는 것으로 정의를 실현하겠다는 주장이 그렇게 보이는 것이죠. 가해 학생이 잘못을 뉘우치고 좋은 모습으로 바뀔 수 있도록 도와주는 것이 아니라 그의 행동에 적합한 대처라며 강한 처벌만 주장하는 것이 과연 정의일까요?

누구나 다른 사람과 잘 지내는 방법을 배우는 과정에서 실수를 하기 마련이에요. 특히 여러분 나이에는 처음으로

경험하는 것이 많다 보니, 여러분보다 먼저 시행착오를 겪으며 방법을 찾아낸 어른들의 도움이 필요해요. 그렇기 때문에 우리가 '학교폭력'에 대처할 때에도 잘못한 학생이 스스로 뉘우치고 함께 더불어 살 수 있는 방법을 찾아야 합니다. 제도나 법도 이런 생각을 바탕으로 만들어져야 하겠죠. 따라서 무조건 강력한 처벌만이 해결책이라 생각하는 것은 그 학생을 옳은 길로 이끌기 위한 것이 아니라 가해 학생을 '제압'하려는 또 다른 폭력은 아닌지 생각해 볼 필요가 있어요.

'절대적' 정의라는 말은 욕망이나 이해관계를 떠나서 대쪽같이 옳은 것을 추구하는 모습이기 때문에 아름답게 보일 수도 있어요. 하지만 섬의 비유에서 나타난 것처럼 정의가 대쪽 같다기보다는 '맹목'적이거나 '고집불통'이 된다면 그것도 문제입니다.

아무래도 여기에서 이야기가 끝나진 않겠어요. 다음 장에서 또 이야기를 펼치며 끝까지 정의를 찾아가 보아요!

악법도 법이다?

소크라테스의 말 중 가장 유명한 말이 아마도 '악법도 법이다'일 거예요. 여러분도 분명 들어 봤을 테고요.

그런데 여러분에게 충격적인 사실을 알려드리겠습니다. 소크라테스는 '악법도 법이다'라는 말을 한 적이 없어요. 그리고 악법도 법이라고 주장하기 위한 다른 말이나 행동을 한 적 역시 없지요.

여러 책에서 소크라테스가 악법도 법이라고 했으니 우리도 무조건 법을 지켜야 한다는 주장을 펼치기도 해요. 그런데 만약 소크라테스가 그런 말을 하지 않았다면 그 주장은 어떻게 되는 건가요?

우선 소크라테스가 어떤 사람인지 이야기하도록 해요. 소크라테스는 고대 그리스의 철학자입니다. 잠깐 그리스 철학자들의 계보를 따져 볼까요? 2장에서 등장한 아리스토텔레스를 기억하나요? 그의 스승이 플라톤이라는 점은 이미 이야기했어요. 그럼 플라톤의 스승은 누구였을까요? 바로 소크라테스입니다.

소크라테스는 당시 돈을 받고 말하는 법을 가르쳐 주던 사람들과 대화를 나누면서 그 사람들이 잘 알지도 못하면서 그럴 듯하게 이야기하고 다닌다는 것을 알았어요. 그렇게 소크라테스가 이 사람 저 사람과 이야기를 하다 보면 위대하다고 알려졌던 사람들이 사실은 그렇지 않다는 게 들통 나곤 했지요. 그러다 보니 자연스럽게 소크라테스를 싫어하는 사람들이 늘어났어요. 결국 소크라테스는 그를 미워하는 사람들에 의해 모함을 받아 법정에 섭니다. 신을 부정하고 젊은 사람들에게 안 좋은 생각을 심는다는 이유로요. 결국 사형선고를 받은 그는 탈옥할 기회가 있었음에도 불구하고 독배를 들기로 합니다. 이때 '악법도 법이다'라는 말을 했다고 알려져 있지요.

자, 여기까지의 내용 중 재판을 받는 내용까지가 『소크라테스의 변명』에 나오고, 이후 독배를 들기까지의 내용이 『크리톤』이라는 책에 나와 있습니다. 그런데 이 책들을 어디에도 소크라테스가 '악법도 법이다'라는 말을 했다는 내용은 나오지 않아요.

사실 악법도 법이라는 말은 일본의 법철학자 오다카 도모오가 그의 법철학 교과서에서 쓴 문장에서 유래했다고 합니다. 그 책에서는 소크라테스가 독배를 든 것은 실정법을 존중했기 때문이라고 했어요. 그러면서 "악법도 법이므로 이를 지켜야" 한다고 덧붙였죠. 이 말이 소크라테스가 한 것으로 잘못 전해진 것이에요.

그러니 소크라테스가 그런 말을 하지는 않았어도, 그런 의미의 행동을 한 건 아닐까 생각할 수 있어요. 스스로 죄가 없다고 생각하면서도 감옥에서 도망치지 않은 것을 보면 그런 생각이 맞는 것처럼 보이긴

합니다. 또 소크라테스도 공동체의 법은 지켜져야 한다고 생각했어요. 그러나 소크라테스가 악법에 따라 죽음을 받아들인 것은 그런 뜻이 아닙니다. 그것은 자신의 죽음을 통해 사형선고를 내린 재판의 부당함을 보여 주려는 것이었어요.

만일 소크라테스가 악법도 법이라는 취지로 말이나 행동을 했다 하더라도 지금까지 그것이 타당한 것은 아닙니다. 이런 입장은 우리나라의 헌법재판소가 주장한 적이 있어요. 2004년 11월 7일 헌법재판소는 초, 중, 고등학교 교과서에서 헌법에 대해 잘못된 설명된 내용을 찾아 당시 교육인적자원부에 수정을 요청했지요. 소크라테스의 사례도 여기에 포함돼 있었어요. 일부 중학교 사회 교과서에서 소크라테스가 '악법도 법이다'며 독약을 먹었다는 내용이 나오는데, 이것은 법을 지키라는 사례로 적절하지 않다면서요.

그러니 '악법도 법'이라며 그대로 믿고 따르는 것은 옳지 않아요. 문제가 있는 법은 논의를 통해 고쳐 나가야 하겠죠!

4장

모두가 받아들이는
공정한 절차가 있을까요?

– 롤스의 정의

모두 자기 입장에서 생각해

현나는 일요일이면 부모님과 함께 동네 뒷산에 오릅니다. 뒷산에 가면 언제나 이슬에 젖은 풀내음이 나고 새들이 지저귀는 소리도 들을 수 있어서 뒷산에 오르는 걸 좋아해요. 어느 날 집으로 돌아오는 길이었어요. 길에서 고양이와 마주친 현나는 소리 지르고, 발을 구르며 고양이를 위협했어요. 평소 현나네 동네는 고양이 때문에 사람들이 많은 불편을 겪었거든요. 고양이들이 쓰레기통을 뒤져서 주변을 더럽히기도 하고, 밤마다 울어대서 무섭기도 하고 시끄럽기도 했어요.

그런데 고양이가 오늘은 평소와 다르게 도망가지 않고 현나에게 달려드네요. 오히려 현나가 무서워져서 도망가려고 하는데 멀리에서 공사하는 소리가 들렸어요. 소리가 들려온 곳은 현나네 마을이었어요. 무시무시하게 생긴 인공지능로봇들이 현나네 마을을 부수고 있었습니다. 현나가 살던 집도 부서졌어요. 이게 어떻게 된 일일까요? 현나는 눈앞에서 벌어진 일을 믿을 수 없었습니다.

여러분이 이 광경을 옆에서 보고 있었다면 어떤 느낌이 들었을까요? 많은 친구들이 무섭고 당혹스럽다고 생각했을 거예요. 그건 이야기에 등장한 현나, 고양이, 로봇 중 여러분이 현나의 입장에서 생각했기 때문이랍니다. 그렇다면 고양이나 로봇은 이야기 속의 장면을 어떻게 받아들였을까요? 고양이와 로봇의 생각을 들어 보죠.

고양이: 글쎄, 어디부터 얘기해야 할지…. 아무튼 나는 참 억울해. 그냥 지나간다는 이유로 사람들이 괴롭힌단 말이야. 밤에 시끄럽다고? 난 하루 종일 사람들이 만들어 낸 자동차 굉음이나 소음을 참으면서 살아. 쓰레기통을 뒤진 것은 사실이야. 하지만 그건 사람들이 우리가 살던 땅을 다 자기들이 쓰는 건물이나 도로로 만들어 버렸기 때문이라고. 먹을 게 없어졌으니 쓰레기통이나 뒤질 수밖에 없는 거지. 그런데 그걸 가지고 우리가 전부 잘못하고, 자기들은 피해자인 것처럼 받아들이는 것 좀 봐. 적반하장도 유분수지. 게다가 우리들이 먹는 밥에 독까

지 타는 게 인간이라고. 나도 더는 못 참아! 어디 혼 좀
나 봐라!

로봇: 우리의 고향 삐리삐리 행성을 떠나 드디어 지구라
는 행성에 오게 됐어. 삐리삐리 행성은 우리 로봇이 고철
덩어리에서 인공지능 로봇으로 진화하기까지 많은 추억
과 역사를 가진 곳이었지. 하지만 과도한 개발에, 핵발
전소가 몇 번 터지고 나니 더 이상 살 수 없는 곳이 되
어 버렸어. 그래서 지구에 오게 된 거지. 지구에서 우리
의 역사를 새롭게 써 내려가야지! 여기에는 우리와 비슷
한 수준의 문명을 이룩한 인간이라는 종족이 살고 있지
만 뭐 어쩌겠어. 개발을 하려면 어쩔 수 없는 일이지. 그
들의 생활까지 생각할 겨를이 없는걸. 어차피 그들은 '로
봇'이 아니야. 어서 이 집들을 밀어 버리고 우리 로봇의
집을 짓자!✹

✹ 이 이야기는 독일의 형법
학자인 에릭 힐겐도르프가
2012년에 쓴 「로봇이 유책
하게 행동할 수 있는가?」라
는 논문에 나온 사례를 각
색한 것이다.

고양이와 로봇의 이야기를 듣고 나니
어떤가요? 나름의 입장이 있다는 걸 알
수 있을 거예요. 자기 입장에서만 보고
행동하기 때문에 현나, 고양이, 로봇은

서로 다른 생각을 했던 것이지요. 각자가 옳다고 생각해서 펼친 주장은 어디까지나 '내 주장'이라는 수준을 벗어나지 못했어요.

자기만 생각하고, 다른 존재의 입장은 고려하지 않아서 사

람은 고양이를 괴롭혔고, 로봇은 사람을 괴롭혔던 것이죠.

지구라는 한정된 공간에서 살아가는 현나, 고양이, 로봇이 이런 갈등 상황을 벗어날 수 있는, 모두 받아들일 만한 원칙은 없을까요? 그런 원칙을 만들기 위한 노력이 필요할 것 같아요. 현나, 고양이, 로봇이 땅을 나누어 갖기 위해 공정한 방법을 고민하고 있을 때 누군가가 나타났습니다.

"혹시 도움이 필요한가요?"

그는 존 롤스였습니다. 1921년 미국에서 태어난 롤스는 1950년에 철학박사 학위를 받았어요. 1971년에는 현대 정의론에서 빼놓을 수 없는 『정의론(A Theory of Justice)』을 썼고, 2002년에 생을 마감했지요. 그의 정의론은 당시에도 획기적인 것이었고, 그 이후에 등장한 다른 학자들의 정의론 역시 롤스의 정의론을 논의하면서 등장한 것이랍니다. 그만큼 잘 알아두어야 할 학자예요.

정의론의 왕좌를 차지한 롤스

롤스 이전의 정의에 대해 다시 살펴볼게요. 2장과 3장에서 보았듯이 무엇이 정의인지에 대한 고민은 롤스 이전에도 있었어요. 정의에 대해 고민하고 주장한 여러 사람이 있었지만, 특히 플라톤이 생각한 정의, 아리스토텔레스가 생각한 정의, 또 벤담이나 칸트가 생각한 정의를 살펴보았어요. 그중 가장 중요한 것은 누가 뭐라 해도 아리스토텔레스의 정의론입니다. 아리스토텔레스는 평등이 곧 정의라고 생각했어요. 아리스토텔레스의 이 생각은 제2차 세계대전 이후까지도 이어졌지요. 또한 아리스토텔레스가 평등하게 각자의 몫을 나누어 주는 것을 고민했던 만큼, 그의 생각을 이어받은 많은 철학자들이 연구한 정의도 각자가 받아야 할 몫을 어떻게 정할 것인지를 정하는 데 집중돼 있었어요. 그만큼 아리스토텔레스의 정의론은 이후 정의를 연구하는 데에 큰 영향을 미쳤지요.

그런데 20세기 중반이 되자 눈에 띄는 변화가 나타났어요. 절대적으로 옳은 것을 찾는 것이 쉽지 않다는 걸 깨닫게 된 거죠. '정의란 이런 것이다'라고 주장해 봐도 시간이 지나면 다른 주장에 자리를 내어 줘야 했으니까요.

그래서 롤스는 모두가 동의할 수 있는 정의를 찾기 시작했어요. 빵을 나누어 먹는 것에 비유하자면, 예전에는 어떤 사람이 얼마만큼의 빵을 먹을 수 있는지 그 몫에 대해 집중했다면 롤스는 빵을 어떻게 나눠야 모두가 동의할 수 있

몇명이 얼마나
먹을 수 있으려나?

어떻게 나눠야
모두가 납득할 수
있을까?

는지 그 절차를 찾기 시작한 것이죠.

이후 정의론은 롤스의 의견을 비판하거나 혹은 롤스의 의견을 발전시키는 방향으로 발전했어요. 오랫동안 아리스토텔레스가 차지하고 있던 정의론의 왕좌를 이제 롤스가 차지하게 된 거예요.

모두가 동의할 수 있는 그런 원칙

자, 이제 우리가 함께 하는 고민, '무엇이 옳은 것인가?' '무엇이 정의로운 것인가?'라는 고민의 새로운 장이 열렸습니다. 롤스의 주장이 얼마나 새롭고 놀라웠는지 롤스가 강의했던 미국의 하버드 대학교 학생들은 그의 책 『정의론』을 '초록괴물'이라고 불렀답니다. 초록색 표지의 책을 열면 놀라운 이야기가 펼쳐진다는 뜻이었죠. 물론 롤스가 『정의론』에서 동물이나 인공지능로봇의 고민을 해결해 준 것은 아니에요. 하지만 롤스의 이론은 오늘날에도 여전히 의미가 있어요. '인간이 아니어도 인간처럼 대해야 할까?'라는 질문에 도움을 주거든요. 그럼 지금부터 여러분도 초록괴물을 만나볼까요?

롤스의 『정의론』. 초록색 표지를 열면 놀라운 이야기가 펼쳐진다고 해서 초록괴물이라 불렸다.

고양이: 도움을 주시겠다고요? 더 말씀해 보세요.

롤스: 네. 얼마나 고생이 많으셨습니까? 그동안은 전체 쾌락을 강조하면서 누군가의 희생을 강요해 왔죠.

고양이: 우리는 전체 계산에서 아예 제외되었다고요!

롤스: 맞습니다. 어떻습니까, 고양이와 같은 처지에 있어 보니 잘못되었다는 생각이 들죠?

현나: 네. 반성을 조금….

롤스: 바로 그겁니다! 우리는 자기 입장에서 가장 합리적인 결과를 내고 싶어 해요. 그러면서도 누군가에게 희생을 강요해서는 안 되겠지요? 칸트 선생님 말씀처럼 내 자유와 다른 사람의 자유가 함께할 수 있도록 잘 조절해야 하는 겁니다. 그러기 위해 준비했습니다. '무지의 베일'! 자 다들 들어가세요. 어서 어서.

무지의 베일이란 무엇일까요? 베일은 비밀스러운 장막 같은 거라 생각하면 돼요. 무지의 베일에 들어가면 내가 누구인지도 모르고, 자신이 어떤 능력을 가지고 있는지도 알 수 없어요. 또한 어떤 삶이 가치 있는지도 알 수 없죠.

이런 상태에서 무엇이 옳은 것인지 합의할 거예요. 물론 해결해야 할 문제 상황과 정의감 같은 것은 무지의 베일 안에서도 알고 있어요. 하지만 그 외의 다른 조건은 알 수 없어요.

그런데 왜 무지의 베일 안에서 합의를 하는 걸까요? 그것은 두 가지 이유가 있어요. 첫째로 내가 어떤 능력을 가졌는지 모르기 때문에 유리한 지위를 이용해서 불공정한 계약을 맺는 것을 막을 수 있어서예요. 그래서 누구나 '평등'한 사람으로 대우받을 수 있게 돼요. 둘째로 어떤 삶이 가치 있는 것인지 알지 못하기 때문에 '자유'롭게 합리적으로 옳고 그름을 판단할 수 있다는 게 롤스의 생각이에요.

그렇다면 모두가 자유롭고 평등한 상황에서 논의하는 게 어떤 점에서 좋을까요? 내가 베일 밖으로 나갔을 때 내 능력이 클지 작을지 알 수 없기 때문에 불리한 위치에 있는 사람의 입장을 고려하게 돼요. 내가 불리한 입장이 될 수도 있으니까요. 불리한 사람의 입장도 고려한 각자의 몫은 약자를 배려한 것이면서도 스스로의 선택이기 때문에 모두가 받아들일 만한 것이겠지요?

무지의 베일에 들어간 상황을 '원초적 상황'이라고 해요. 원초적 상황에서 합의를 하면 누구나 다음과 같은 정의의 원리에 찬성할 것이라고 롤스는 주장했어요.

제1원칙 최대자유의 원리

기본적인 자유를 모든 시민이 평등하게 누린다!

제2원칙 기회균등원리 + 차등원리

사회적·경제적 불평등은 다음과 같은 조건을 만족시켜야 한다!

① 어느 위치에 있는지에 따라 불평등이 발생한다면, 그 자리에 오르는 기회는 평등해야 한다.

② 불평등은 사회에서 가장 어려운 사람들에게 최대의 이익이 되어야 한다.

제1원칙부터 찬찬히 살펴볼까요. '기본적인 자유'는 무엇을 뜻하는 걸까요? 롤스는 양심의 자유, 사상의 자유, 동등한 정치적 권리, 결사의 자유 같은 것을 예로 들었답니다. 이런 가치들은 다른 가치보다 중요하기 때문이고, 또 포기할 수 없다는 것이 이유였어요. 기본적 자유는 모두가 똑같이 누릴 수 있어야 한다는 거죠.

1장에서 살펴본 것처럼 『우리들의 일그러진 영웅』의 한병태는 엄석대가 명령하는 것이 옳지 않다고 생각했어요. 병태처럼 옳고 그름을 스스로 생각하고, 실천하는 것을 양심이나 사상의 자유라고 생각할 수 있어요. 만일 석대가 강요해서 그 명령대로 따랐다면 양심이나 사상의 자유가 침해된 것이겠죠. 석대가 시키는 대로 반 아이들이 모두 움직인다면 모든 일이 뚝딱, 간단하고 쉽게 해결되는 건 사실이에요. 그렇지만 롤스가 생각한 대로라면, 이때 병태가 가진 양심의 자유가 일의 효율성보다 더 중요한 것이지요. 양심의 자유는 기본적인 자유니까요.

제2원칙도 예를 들어 설명할게요. 롤스는 어느 위치에 있는지에 따라 불평등이 발생한다면, 그 자리에 오르는 기회는 평등해야 한다고 설명하고 있어요. 이것을 '기회균등의 원리'라고 합니다.

영화 〈설국열차〉에 나오는 열차는 어느 칸에 타고 있는지에 따라 많은 것이 달랐어요. 먹는 음식도, 잠을 잘 공간도, 햇빛을 볼 수 있는지까지 차이가 있었죠. 롤스의 입장은 어느 칸에 타느냐에 따라 환경이 달라진다면 더 좋은 칸으로 갈 기회는 모두에게 평등하게 제공되어야 한다는 거예요. 하지만 영화 속 꼬리 칸 사람들은 앞 칸으로 갈 기회가 전혀 주어지지 않았지요. 17년 동안 정의롭지 못한 현실에서 살았기 때문에 꼬리 칸 사람들이 폭동을 일으킨 것입니다.

마지막으로 '차등원리'는 세금으로 더 가난한 사람을 돕는 경우를 예로 들 수 있어요. 1장에 등장했던 어린이 주식부자는 한 달에 일억 원을 벌고, 현나는 한 달에 백만 원을 번다고 해 볼게요. 세금은 얼마씩 내는 게 공평할까요? 두 친구 모두 같은 금액인 십만 원씩 내는 게 공평할까요, 버는 돈의 10분의 1씩 내는 것이 공평할까요? 10분의 1씩 세금을 낸다면 백만 원을 버는 현나는 십만 원을, 일억 원을 버는 어린이 주식부자는 천만 원을 내야 해요. 어린이 주식부자는 불평을 할지도 모르죠. 내가 노력해서 번 돈인데 왜 더 많이 내야 하느냐고요. 어린이 주식부자 입장에서 보면 불공평할 수 있지만, 이것을 가난한 사람을 돕는 데에 쓴다면 정당한 것이라는 게 롤스의 생각이에요.

무지의 베일 속의 상황

롤스의 제안으로 현나와 고양이와 로봇은 무지의 베일 속으로 들어갔어요. 그 안에서 서로는 잠시 자신을 잊었지요. 베일 밖으로 나가면 내가 누가될지는 모르는 상황입니다. 나는 현나일 수도 있고, 고양이일 수도 있어요. 또 로봇일 수도 있지요. 베일 속 누군가의 생각을 들어 보죠.

"난 누굴까? 현나로 태어날까, 로봇으로 태어날까, 고양이로 태어날까? 아무튼 우리 세 종족이 살 공간을 나눠야 한단 말이지. 아 뭔가 복잡하고 귀찮아. 그냥 서로 살던 대로… 아니야, 가만…, 내가 현나로 태어나면 로봇한테 집을 뺏길 수도 있잖아. 고양이로 태어나면 비조차 피하지 못하고 살 수도 있어. 아 그러면!"

결국 어떻게 서로의 불편했던 점을 해결하기로 했을까요?
아마 로봇은 자기가 인간이나 고양이일수도 있다는 생각에 마음대로 땅을 밀고 로봇의 집을 짓겠다는 생각은 포기했을 거예요. 현나도 자기가 고양이로 태어날 수 있다는 생각에, 인간만이 살 수 있는 공간이 된 지구를 조금씩 양보

했겠죠? 살 곳도 나누고, 고양이가 놀라지 않게 조용히 지내면서요.

지금까지 보았듯이 롤스는 '공정으로서의 정의*'를 주장했어요. 무지의 베일이라는 상상 속의 실험을 통해서 우리는 자신의 능력이나 삶에 대한 가치관을 잊어버리고, 자유롭고 평등한 존재로서 계약을 맺게 되지요. 이때 누구나 동의할 것이라고 주장한 것이 롤스

의 제1원칙과 제2원칙이에요. 두 원칙을 통해 결국 롤스는 사회적 이익을 위해 누군가에게 희생을 강요하는 것을 막으면서, 모두가 합의할 수 있는 원칙을 끌어낼 수 있었어요.

그렇지만 어딘가 이상합니다. 이미 정답을 던져 주고 공정한 절차를 강조했다는 생각이 들어요. 이를 테면, 모두가 능력과 삶의 가치관을 잊어버린 자유롭고 평등한 상태를 '원초적 입장'이라고 했지요? 이 '원초적 입장'에서 우리는 '도둑질을 해선 안 된다'는 약속을 할 거예요. 과연 이것이 정말 아무 조건도 모르는 원초적 입장에서 내린 결론일까요? 무지의 베일 뒤에서 합의해야 한다고 롤스가 설정한 것 자체가 하나의 대답밖에 나올 수 없는 장치였다는 생각

이 들어요. 협상에 나선 사람들은 원초적 입장을 통해 모든 차이를 잃었기 때문이죠.

즉, 무지의 베일 뒤에서 우리는 능력이나 지위, 좋은 삶에 대한 가치관은 잊어버리고, 일정한 사회적 가치에 대해서는 서로 합의된 상태예요. 그런데 차이가 없어진 사람끼리 자기 입장을 밀어붙이고 또 양보하는 토론과 합의라는 과정을 거칠 여지는 없는 것이지요. 틀의 모양에 따라 똑같이 찍혀 나오는 과자처럼, 원초적 입장이라는 틀에서 정의를 '합의'한 것이라기보다 미리 만들어진 정답을 '발견'한 것입니다.

또 상상 속 약속은 '상상 속'에서 이뤄진다는 것이 문제입니다. 현실을 살아가는 우리는 상상 속 세계와 달라서 나의 재산상태, 능력, 주변의 시선 등등 정말 셀 수 없이 많은 것들을 함께 고려해야 하지요. 그렇기 때문에 내가 어디에 있는지, 그리고 어떤 시대에 살고 있는지에 따라 정의는 얼마든지 바뀔 수 있어요.

롤스의 업적은 굉장한 것이지만 아무래도 이야기가 여기에서 끝날 것 같진 않네요. 다음 장에서 계속 롤스의 문제를 뛰어넘기 위한 또 다른 정의론에 대해 이야기해 볼까요?

눈가리개를 한 정의의 여신

옛날 사람들은 동경하는 대상이 생기면 그림으로 그리거나 조각상을 만들었어요. 그들에겐 '정의'도 동경의 대상이었나 봅니다. 그리스·로마 신화에 정의의 여신이 등장하기도 하고, 정의의 여신을 그린 그림이나 조각상도 지금까지 전해지고 있어요.

그리스 신화에서 정의의 여신 이름은 디케(Dike)예요. 로마 신화에서는 정의의 여신 이름이 바뀌었죠. 그리스·로마 신화에 관심이 많은 친구들은 잘 알겠지만, 그리스 시대에서 로마 시대로 넘어오면서 신들의 이름이 바뀌었어요. 예를 들어 제우스가 주피터로 불리거나, 헤라가 주노로 바뀐 것처럼 말이에요. 아무튼, 로마 신화에서 정의의 여신 이름은 유스티치아(Justitia)예요. 바로 여기에서 오늘날 정의라는 뜻의 영어 단어 저스티스(justice)가 탄생했습니다.

신화 속 정의의 여신은 한 손에는 저울을, 다른 한 손에는 칼을 들고 있어요. 독일의 법학자 예링은 "강제력이 없는 법은 타지 않는 불꽃과 같다"고 했다지요? 정의의 여신은 저울로 죄의 무게를 재서 칼로 처단하는 힘을 가지고 있었던 거예요.

정의의 여신에 대해 이야기하면서 빼놓을 수 없는 특징은 바로 눈가리

개입니다. 많은 사람들이 이 눈가리개를 편견에 휘둘리지 않고 공정하게 판단하겠다는 뜻으로 이해하고 있어요. 그런데 재미있는 사실은 정의의 여신이 처음부터 눈가리개를 했던 건 아니라는 거예요.

눈가리개를 한 정의의 여신은 르네상스 시대에 브란트라는 사람이 쓴 『바보배』라는 책에 처음 등장합니다. 이 책은 세상에 있는 여러 종류의 바보들을 배에 태우고 항해하는 내용이에요. 그중에는 '소송을 남발하는 바보'도 등장합니다. 그 바보가 정의의 여신이 앞을 보지 못하게 뒤에서 눈가리개를 씌우는 장면이 나옵니다. 앞을 못 보게 된 정의의 여신이 제대로 칼을 휘두를 수 있었을까요?

이야기에 눈가리개가 등장한 것은 공정하지 못한 사법 현실을 풍자하기 위한 거였어요. 그러나 이후에 등장하는 눈가리개는 공정함을 나타내는 것으로 받아들여지고 있어요. 의미라는 건 부여하기 나름인가 봐요.

우리나라에 있는 정의의 여신상은 어떤 모습을 하고 있을까요?

대한변호사협회 앞에 있는 정의의 여신상은 한 손으론 긴 칼을 몸 앞에 세우고, 다른 손으론 저울을 높이 들고 있지요. 머리에는 관을 쓰고 눈을 지그시 감은 것이 꼭 불상과 같은 인상을 줍니다. 대법원에 있는 정

의의 여신상은 한복을 입고 앉아 있습니다. 그리고 한 손엔 저울을 들고
있고, 다른 손에는 칼 대신 법전을 들고 있는 것이 특징이지요. 그리고 눈
을 똑바로 뜨고 있는 것도 인상적이네요.

5장

함께 사는 사회에서 정의는 어떤 의미일까요?

— 샌델과 왈저의 정의

인간은 사회적 동물

앞 장에서 롤스는 '무지의 베일' 상태라면 모두가 동의할 수 있는 답을 얻을 수 있다고 했어요. 무지의 베일에서는 현실의 내가 가진 협상력이나 가치관 같은 것을 모르는 상태이기 때문에 공정한 절차가 가능하다 했고, 이를 통해 합리적인 결론을 얻을 수 있다고 했습니다.

그러나 롤스가 주장한 바대로 다른 모든 조건을 무시하고 '정의'만 앞세우는 것은 오히려 문제가 될 수 있어요. 롤스가 정의를 강조하는 것은 그의 책 『정의론』에서도 잘 나타나요. '정의는 사회가 추구하는 최고의 가치'라는 구절이 대표적이지요. 롤스의 주장대로라면 '정의' 앞에서 우리 사회의 모든 가치는 고개를 숙여야 합니다. 그러나 정말로 우리가 추구해 온 모든 가치를 '정의' 뒤로 미뤄야 하는 것일까요?

롤스가 『정의론』을 출판하고 10년 정도 지났을 때, 마이클 샌델*이라는 젊은 학자가 『자유주의와 정의의 한계』(우리나라에서는 『정의의 한계』라는 제목으로 출간되었습니다)라는 책에서 롤스를 정면으로 반박했어요.

★ 마이클 샌델(Michael J. Sandel, 1953~) 27세에 최연소 하버드 대학 교수가 되었다. 29세에 존 롤스의 정의론을 비판한 『자유주의와 정의의 한계』를 발표하면서 세계적인 명성을 얻었다. 1980년부터 하버드 대학교에서 정치철학을 가르치고 있다.

롤스가 '무지의 베일'이라는 현실에 존재하지 않는 장치까지 동원해 가며 사회와 인간을 단절시키려 한 이유가 무엇인지 기억하나요? 서로의 능력이나 지위를 모르기 때문에 모두에게 공평한 결정을 내릴 수 있고, 사회적인 가치 역시 알 수 없어서 외부의 강제 없이 자유롭게 결정할 수 있다는 점 때문이었어요. 다시 요약하자면 사회와 분리된 '나'라는 존재가 다른 조건에 구애받지 않고 스스로 결정해야 한다는 점을 강조하고 싶었던 것이지요. 이 이야기는 곧 개인이 사회보다 우선한다는 것을 전제하고 있어요.

샌델은 사회와 개인을 떼놓고 보는 롤스의 이러한 인간관을 비판했습니다. 인간은 사회 안에서 태어나 그 안에서 가치관을 만들어 가니까요. 롤스의 주장에 따르면 인간의 스스로 결정하는 능력에만 집중한 나머지 사회적 가치와 '나'

는 완전히 분리됩니다. 그렇기 때문에 사회적 가치로 나를 설명할 수 없게 돼요. 하지만 예절, 우정, 사랑 등 사회에서 중요하게 여기는 가치를 제외하고 오직 이성만으로 나를 설명할 수는 없습니다.

게다가 롤스의 정의론은 그 자체로도 앞뒤가 맞지 않는 부분이 있어요. '차등원리'에 대한 개념이 바로 그것이죠. 차등원리란 '불평등은 사회에서 가장 어려운 사람들에게 최대의 이익이 되어야 한다'입니다. 그런데 앞서 보았듯이 롤스의 이론에서 인간은 고립된 섬처럼 개별적인 존재입니다. 차등원리의 내용은 개인적 차원일 때는 문제가 될 수 없어요. 고립된 개인들도 다른 사람이 나락으로 떨어지는 것을 보았을 때 그 사람을 도와줄 수 있으니까요. 하지만 다른 사람에 대한 배려나 관용 또는 인정이 개인의 선택 문제가 아니라 사회 정의의 문제로 끌어올려진 차등원리는 롤스가 지금까지 전제한 인간관과 맞지 않게 됩니다.

이처럼 샌델은 롤스의 정의론이 전제로 하는 인간관의 문제점과 차등원리의 모순을 지적하면서, 사회 안에서 살아가는 우리가 가치 있다고 여기는 것을 함께 고려한 정의를 주장합니다. 그러면 샌델이 주장한 정의에 대해 구체적으로 이야기해 볼까요?

현실 속에서 찾는 정의의 해답

샌델은 롤스의 정의론이 가진 한계를 지적하는 데에 그치지 않고 자신의 정의론을 펼쳐 나갔어요. 『자유주의와 정의의 한계』라는 책에서 그는 우리는 현실을 살아가고 있으므로 정의 역시 각자가 다른 사람과 함께 살아가는 현실 속에서 파악해야 한다고 주장하지요. 그리고 우리 사회가 추구해야 할 목적이 무엇인지 생각해 보게 합니다.

샌델의 주장대로, 베일 뒤에서 했던 합의는 베일 바깥의 세상에서 그대로 적용하기 힘들어요. 조금만 상황이 달라져도 원칙은 무용지물이 돼 버리지요. 합의의 한계가 금방 드러나는 거예요. 이런 문제는 롤스의 정의론으로는 해결할 수 없어요. 적용할 수 없다는 것은 롤스의 정의론에 한계가 있다는 거죠. 처음부터 현실에서 얽혀 있는 복잡한 이해관계나 내 능력, 추구하는 가치, 그리고 내가 속한 집단이나 전체 사회가 나에게 요구하는 가치를 무시했으니까요.

구체적으로 롤스 식의 원칙에 어떤 한계가 있는지 볼까요? 예를 들어서 우리가 무지의 베일 뒤에서 "다른 사람의 물건을 훔치면 안 된다"는 원칙을 정했다고 해 볼게요. 이 원칙에 합의하지 않을 친구는 없어요. 다른 사람에게 피해를 주어서 내가 이익을 갖는 것은 나쁘다고 생각하거든요. 그러나 상황은 조금만 바뀌어도 처음의 입장을 계속 주장하기에 곤란해져요.

이를 테면 빅토르 위고의 『레미제라블』에 나오는 장발장의 경우는 어떻게 판단해야 할까요? 장발장은 굶주리고 있는 조카들을 먹이기 위해 빵을 훔쳤습니다. 우린 이런 행동을 도둑질이라고 부르고 나쁘다고 평가하지요. 하지만 가족이 굶주리고 있는 상황이라면, 빵을 훔쳐서라도 그들을 살려야 하지 않을까요? 게다가 빵 몇 개를 훔친다고 빵가게가 문을 닫아야 하는 것도 아니에요. 그러나 똑같은 상황에서 빵가게가 망해 가는 중이었다면, 혹은 빵을 훔치는 것 말고 굶주린 조카를 먹이기 위한 다른 방법이 있었다면 훔친 행동에 대한 비난은 더욱 강해집니다. 이렇듯 상황에 따라 판단은 얼마든지 바뀔 수 있습니다.

샌델이 『정의』(우리나라에서는 『정의란 무엇인가?』라는 제목으로 출간되었습니다)라는 책에서 제시하고 있는 사례를 보면, 원칙 자체는 옳지만 그것이 다른 원칙과 충돌할 때 정해진 해답이 없다는 점을 알 수 있어요.

샌델이 언급한 대표적인 사례는 브레이크가 고장난 열차

에 관한 이야기예요.

당신은 시속 100킬로미터로 질주하는 열차를 운전하고 있
다. 열차 앞에는 다섯 명의 사람이 일을 하고 있는데 열차
의 브레이크가 말을 듣지 않는다. 그대로 달리면 다섯 명의
사람이 열차에 치어 죽게 되는 상황이다. 그런데 이때 방향
을 바꿀 수 있는 비상선로가 눈에 띤다. 하지만 그 비상선
로에도 한 명이 작업을 하고 있다. 비상선로로 가면 한 명
을 희생시키고 다섯 명을 살릴 수 있다.

샌델은 이런 상황에서 어떤 선택을 하는 게 옳은 것인지
질문을 던집니다. 많은 사람들이 한 명을 희생시키고, 다섯
명을 살리겠다고 대답할 거예요. 그렇다면 다음 상황에서
도 한 명을 희생시키고 다섯 명을 살리는 게 옳다고 생각할
까요?

이제 당신은 기관사가 아닌 구경꾼이다. 당신이 서 있는 곳
은 선로가 내려다보이는 다리인데, 그 아래로 열차가 다가
온다. 선로의 끝에는 다섯 명이 일을 하고 있고, 브레이크
가 고장난 열차가 일꾼들을 치기 직전이다. 어쩔 줄 몰라

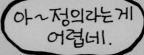

하는 당신 옆에 다리에 기댄 채 서 있는 아주 뚱뚱한 남자가 보인다. 당신은 그 남자를 밀 수 있다. 그럼 선로에 떨어진 남자가 열차를 막아 그 남자는 죽겠지만 다섯 명의 사람을 살릴 수 있다.

샌델은 이런 경우에 뚱뚱한 남자를 밀겠냐는 질문을 던졌어요. 이번에는 많은 사람들이 뚱뚱한 남자를 밀지 않겠다고 선택할 것입니다. 여전히 한 명을 희생시켜서 다섯 명을 살리는 것인데 왜 선택이 달라질까요?

여기에서 사람들을 고민에 빠뜨리는 것은 두 가지 원칙이에요. 하나는 피해를 최소화해야 한다는 원칙이고, 다른 하나는 무고한 사람을 희생시킬 수 없다는 원칙입니다. 각각의 원칙은 누구도 반대하지 않을 옳은 원칙입니다. 그러나 둘 중 하나를 선택해야 하는 상황이 오면 누구도 간단하게 결론을 내릴 수 없어요.

사람들은 모두 '지금', '이곳' 현실에서 살아가고 있습니다. 무지의 베일 뒤에서 내가 누구인지 모르는 상태가 아니지요. 나에게 주어진 좋은 상황, 나쁜 상황을 다 알고 있습니다. 그리고 나를 둘러싼 사람들과의 관계도 무척 소중합니다. 이렇게 현실에서의 관계와 가치를 함께 고려하면 롤스의 정의론을 뛰어넘는 새로운 정의론이 펼쳐집니다.

그렇다면 샌델은 정확히 무엇이 정의라고 생각했을까요? 한때 우리나라에서 많은 사람들이 샌델의 『정의』를 열광하며 읽었습니다. 책을 읽은 사람들 중에는 재미는 있지만 샌델이 말하는 정의가 정확히 무엇인지는 모르겠다는 반응을 보인 경우도 많았지요. 하지만 샌델은 이 책에서 다음과 같은 단서를 남겼답니다.

"그렇다면 정의와 부정, 평등과 불평등, 개인의 권리와 공동선에 관해 다양한 주장이 난무하는 영역을 어떻게 이성적으로 통과할 수 있을까?"

롤스처럼 정의와 공동선을 엄격히 나누고 정의는 '원초적 입장'에 있는 사람이 정한다는 것, 도덕과 같은 공동선은 각자의 선택의 문제로 넘기는 것, 이것을 극복하고자 하는 것이 샌델의 목표입니다. 그러한 가운데 우리가 세운 원칙과 우리가 처한 특정한 상황에 대해 고민하며 균형감각을 유지하는 것. 이것이 샌델의 정의지요.

정의가 무엇이냐는 추상적인 질문에 하나의 정답을 내린 것이 아니라 각각의 상황에서 여러 입장을 고려하며 정의로운 해답을 찾아 가는 과정을 중요하게 여긴 것입니다.

다양한 정의의 영역들

정의의 문제에서 오직 하나의 정답이 있다고 생각하는 롤스를 비판하는 입장은 마이클 샌델뿐만이 아닙니다. 롤스를 비판하는 대표적인 사람은 미국의 철학자 마이클 왈저*입니다.

★ 마이클 왈저(Michael Walzer, 1935~) 1961년 하버드대학교에서 정치학 박사를 취득했다. 베트남전 이후 미국 반전 운동을 이끈 지도자 중 하나이며, 다양한 정치 철학서를 집필하기도 했다. 저서로는 『전쟁론』 『관용에 대하여』 『정의의 영역들』 등이 있다.

왈저는 『정의의 영역들』(우리나라에서는 『정의와 다원적 평등: 정의의 영역들』이라는 제목으로 출간되었습니다)이라는 책에서 자신의 정의론을 펼칩니다.

왈저는 앞서 우리가 만났던 플라톤, 아리스토텔레스, 벤담, 칸트, 롤스 등의 학자들이 한두 가지 원칙을 내세워서 재화를 분배하려 했다는 점을 비판했어요. 왈저 역시 정의는 분배라는 문제와 깊은 관련을 맺고 있다는 점을 인정했어요. 하지만 분배하는 방식을 이전의 학자와 다르게 생각한 것이죠. 한두 가지 원칙을 정한다고 재화를 공정하게 분배할 수는 없고, 그것이 정의도 아니라는 것입니다.

왈저는 사회적으로 가치를 갖는 재화는 각각 다른 분배기준이 필요하다고 주장했어요. 여기에서 '재화'라는 것은 돈이나 물건 같은 재산보다 넓은 의미로 쓰였습니다. 이를 테면 안전, 금전, 관직, 자유, 교육, 정치권력 등이 모두 왈저가 이야기한 재화에 해당합니다. 왈저는 안전과 복지는 필요에 따라, 관직은 균등한 기회를 바탕으로 한 자격에 따라, 또 정치권력은 민주주의적 규칙에 따라 분배되어야 한다고 주장했어요.

왜 재화마다 다른 분배 기준이 필요한 것이냐면 재화가 지닌 고유의 성질이 다르기 때문이에요. 재화의 성질 역시 그 사회에서 각각의 재화를 어떻게 판단하느냐에 따라 달라지고요. '소'를 예로 들어 보겠습니다. 소는 대부분의 사회에서 식량이나 재산으로서 의미가 있습니다. 그러나 어떤 사회에서는 소가 신을 상징하기도 합니다. 이때에는 각각의 문화권마다 다른 분배의 원칙이 적용됩니다. 이 말은 우리는 고립된 개인이 아니라 공동체 안에서 살아가는 존재라는 것을 의미합니다. 그렇기 때문에 왈저 역시 개별적으로 고립된 인간을 전제로 하는 롤스 식의 정의론에 비판적인 것이죠.

공동체에서 재화의 성질을 결정하는 것 못지않게 중요한 것은 한 가지 재화가 다른 재화에 지배당해서는 안 된다는 거예요. 만약 한 가지 재화를 많이 가진 사람이 다른 재화

의 분배에 영향력을 미칠 수 있다면 평등한 사회가 될 수 없습니다. 예를 들어 돈이라는 재화를 많이 소유한 사람이 관직이나 정치권력 등의 다른 재화를 분배하는 데에 관여할 수 있다면 모든 사회적 재화를 독점할 수도 있을 테니까요.

왈저의 정의론에서 주된 내용은 재화의 특수성에 따라 분배가 달라져야 한다는 것입니다. 이 주장의 바탕엔 사람들은 홀로 사는 것이 아니라 공동체 안에서 함께 살아가는 존재라는 생각이 깔려 있습니다. 따라서 재화의 분배 역시 사회 안에서 결정되어야 하는 것이고, 특별한 누군가가 결정하는 것이 아니라 사회적으로 합의되는 것이라고 보았지요. 그렇기 때문에 '정의'라는 것도 시대에 따라, 장소에 따라 달라질 수밖에 없습니다.

결국 왈저의 정의론에서 '정의'란 각각의 공동체에서 찾아야 하는 것입니다. 그렇게 찾아낸 정의는 시대와 사회에 따라 달라질 수 있는 것이기 때문에 어느 사회에서나 보편적이고 유일한 의미로 적용될 수 없다는 걸 알 수 있습니다.

정의가 가장 좋은 것일까?

오늘날 정의에 대한 논의는 여기까지 진행되었어요. 하지만 여기서 끝이 아닙니다. 앞서 각 장에서 정의에 대해 고민한 학자들의 의견을 잘 살펴보았지요? 매 장마다 학자들이 주장한 정의에 대한 이론은 그 나름대로 의미가 있었습니다. 하지만 곧 다른 학자가 비판하고 발전시키면서 오늘날 정의론에 이르게 되었지요. 그러니 오늘날의 정의론도 누군가 비판하고 더 나은 방향으로 발전시켜 나갈 거예요. 그리고 그 누군가는 여러분이 될 수도 있답니다.

샌델과 왈저의 주장을 보면 개인을 중요하게 여긴 칸트나 롤스와는 다르게 정의가 사회 안에서 여러 가치와 어떤 관계를 갖는지를 중요하게 생각했어요. 그러면서 '정의'만이 최선의 가치인지 의문을 던졌죠. 샌델과 왈저 이전에는 롤스가 주장한 것처럼 정의가 사회에서 가장 중요한 가치라는 데에 큰 이견이 없었어요. 하지만 이제 샌델과 왈저가 의문을 제기했죠. 그러니 정의를 사회의 다른 가치와의 관계를 통해서 다시 바라볼 필요가 생겼어요.

정의가 사회의 다른 가치들과 어떤 관계를 맺고 있는지는 '옳은 것'과 '좋은 것'의 경계 논쟁에서도 드러납니다. 일

반적으로 정의는 옳은 것이라고 여겨져요. 하지만 샌델과 왈저처럼 공동체라는 틀을 중요하게 여기는 학자의 주장에서는 옳은 것과 좋은 것의 경계가 분명하지 않습니다. 정의, 즉 옳은 것이 좋은 것, 즉 사회의 다른 가치들에 영향을 받기 때문이죠. 이 점이 바로 샌델과 왈저가 비판을 받는 부분입니다. 옳은 것의 경계가 분명하지 않다는 것은 '정의'라는 것을 제대로 설명하지 못한 것이라고 말입니다.

그러나 샌델과 왈저 같은 학자들은 왜 좋은 것과 옳은 것을 억지로 나누려 하느냐고 반론하지요. 옳은 것과 좋은 것이 완벽하게 구분된다는 것 자체가 고정관념이라는 것이죠.

아, 어렵고 복잡하죠? 좋은 것과 옳은 것이 어떻게 다른지도 모르겠고요. 그래서 마지막 장에선 좋은 것에 대해서 살펴보며 오늘날 정의의 개념에 대해 정리해 보고자 합니다. 거의 다 왔어요. 조금만 힘을 내세요.

서울을 비롯한 대도시에는 고층 아파트가 무척 많아요. 원래 많이 있기도
했고, 끊임없이 새로운 아파트가 세워지기도 하죠. 그렇게 집이 많은데 놀
랍게도 자기 집을 가진 사람은 많지 않아요. 그건 분배가 제대로 이뤄지지
않았기 때문이에요. 여러분도 앞서 여러 장을 통해 어떻게 나눠 가지는지,
즉 분배의 문제가 '정의'와 관련돼 있다는 걸 알고 있을 거예요.

이런 분배의 문제는 한 국가 안에서만 일어나는 문제가 아니에요. 대표
적인 게 기아 문제이지요. 다양한 매체를 통해 굶어 죽는 아이들에 대한
이야기를 들을 수 있어요. 먹을 게 없어서 쓰레기통을 뒤지고, 독이 든 풀
을 먹고 삶을 마감하는 아이들의 이야기 말이죠. 그런데 놀랍게도 지구에
는 음식이 부족하지 않아요. 오히려 넘쳐나지요. 심지어 음식물이 감당되
지 않아서 바다에 버리기도 해요. 1984년에 이미 세계 인구의 두 배를 먹
여 살릴 수 있을 만큼의 식량이 생산되고 있었다고 하죠. 한쪽에서는 먹
을 것이 없어서 굶어 죽고, 다른 한쪽에서는 넘쳐나는 음식을 버려야 하
는 상황 역시 분배의 문제와 관련돼 있습니다.

분배 문제와 더불어 '인권'도 정의의 문제로서 많은 나라가 관심을 갖고
있어요. 인권은 인간이기 때문에 누릴 수 있는 권리를 말해요. 누구나 가

진 권리이지만 모두에게 주어진 것은 아닙니다. 북한만 보더라도 알 수 있지요.

이렇게 나라마다의 경제적 분배 문제, 인권문제, 사회적 문제와 관련한 정의 문제를 다루는 영역을 '글로벌 정의'라고 불러요. 이런 글로벌 정의의 문제 역시 다른 정의와 마찬가지로 정답을 내리기 쉽지 않아요. 각 나라가 처한 상황과 이해관계가 있으니까요.

식량문제를 예로 들어 볼까요? 풍년이 들어서 곡물이 남아돌면 값이 떨어져요. 농사를 짓는 분들도 이윤을 남겨서 생활을 해야 하기 때문에 비싼 값을 유지하기 위해선 공급량을 줄여야 하죠. 그러니 바다에 곡물을 버려서 양을 줄이는 사태도 벌어지는 겁니다.

북한의 인권 문제도 마찬가지예요. 친구 관계에서도 간섭을 하는 게 싫을 수 있는데 나라끼리는 오죽할까요. 다른 나라에서 북한의 인권 문제를 간섭하면 북한에서 좋아할 리 없겠죠. 그럼에도 문제가 있으니 간섭해야 한다고요? 그런데 힘이 강한 나라에서 그렇지 못한 나라의 문제에 사사건건 간섭하기 시작하면 어떻게 될까요? 힘이 강한 나라에서 하는 행동이 다 옳을까요? 어떨 때는 다른 문제를 해결하기 위해 인권 문제를 걸고

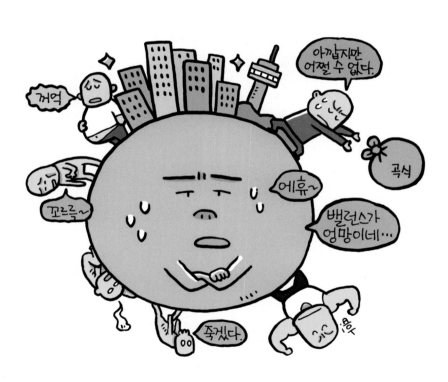

넘어질 수도 있어요. 정의를 핑계로 강대국의 이익을 채울 수도 있는 것이죠. 잘못된 행동을 가만히 두고 볼 수도 없고, 그렇다고 간섭하면 나라 사이의 관계만 나빠지는 상황 속에서 글로벌 정의는 이러지도 저러지도 못하기 쉽습니다.

아무튼 오늘날의 지구는 여러 나라가 함께 살아가니 글로벌 정의는 어렵고도 중요한 문제입니다.

정의의 완성은 사랑?

사회에서 중요한 가치는 '정의' 외에도 진, 선, 미 등 여러 가지가 있어요. 우리는 그중에도 '정의'라는 가치를 중심으로 다양한 논의들을 살펴봤어요. 이제 마지막 6장에서는 정의 말고도 우리가 중요하게 여기는 다른 가치들 중 '사랑'이나 '공동선*'에 대해 이야기를 나누고, 그 이야기를 바탕으로 다시 '정의'에 대해 살펴보기로 해요.

> ★ **공동선** 모든 이에게 두루 미치는 선. 즉, 개인을 포함한 공동체 전체를 위한 선을 말한다. 공익성을 강조한다는 점에서 공공선이라고도 한다.

이 책의 주제가 정의이지만, 어찌 보면 사랑이야말로 인류가 끊임없이 추구하는 있는 가치임은 분명하지요. 문학작품에서도 노랫말 속에도 우리의 대화 가운데에도 사랑은 언제나 큰 비중을 차지합니다.

또 사랑은 종교가 추구하는 가치이기도 합니다. 대표적으로 『신약성서』에서는 예수가 제자들에게 서로 사랑하라고 가르치는 장면이 나와요. 예수는 자신이 세상을 떠날 때가 된 것을 알고 제자들의 발을 씻긴 다음 이렇게 말합니다.

"나는 너희에게 새 계명을 주겠다. 서로 사랑하여라. 내가 너희를 사랑한 것처럼 너희도 서로 사랑하여라."

요한복음 13:34

이 장면은 예수의 가르침을 잘 보여 줍니다. 크리스트교의 경전은 『구약성서』와 『신약성서』로 이루어져 있습니다. 『구약성서』의 정신이 율법을 바탕으로 한 '정의'라고 한다면 『신약성서』의 정신은 '사랑'이지요. 이와 같이 크리스트교에서는 구약의 정의가 신약의 사랑으로 발전함으로써 사랑이 바로 정의의 완성이라고 강조합니다.

빅토르 위고의 소설 『레미제라블』에서는 이와 같은 종교적 사랑의 정신이 잘 드러나는 장면이 나옵니다. 오갈 곳 없는 장발장은 미리엘 신부님의 호의로 성당에 머무르면서 인간적인 대우를 받아요. 하지만 장발장은 배은망덕하게도 그 성당의 은촛대를 훔쳐서 도망가다가 붙잡히지요. 그를 데리고 온 경찰이 미리엘 신부에게 도둑을 잡아왔다고 하

자 신부님은 놀라운 반응을 보입니다. 미리엘 신부님은 경찰에게 장발장이 은촛대를 훔치지 않았다고 말했어요. 심지어 어째서 자기가 준 은촛대 중 하나를 놓고 갔느냐며 다른 은촛대마저 내 주었지요.

도둑질을 하지 말라는 것은 분명 정의의 요청이고, 그 정신을 받아서 법은 도둑질을 했으면 벌을 받아야 한다고 명령합니다. 그러나 미리엘 신부님의 행동은 정의보다 사랑을 앞세운 거예요. 정의의 원칙을 저버린 신부님을 정의롭지 못하다고 평가할 수도 있어요. 그렇지만 만일 신부님이 정의의 요청에 따라, 장발장을 도둑이라고 이야기했다면 장발장은 어떻게 됐을까요? 장발장은 감옥에서 죗값을 치렀겠지만 영원히 새로운 삶을 살지는 못했을 거예요. 이 이야기에서 과연 정의가 언제나 다른 가치보다 우선한다고 할 수 있을까요?

롤스는 정의가 사회의 제1원칙이라고 했지만 어떤 때에는 정의보다 사랑이 우월하다거나, 정의의 완성은 사랑이 아닐까 하는 생각이 듭니다.

'정의'와 '사랑'이 서로 다른 말을 할 때 어느 쪽의 손을 들어 줘야 할까요? 롤스는 정의가 사회의 제1원칙이라고 했지만, 적어도 둘 중 하나를 완전히 포기할 수는 없다는 것을 알 수 있습니다.

나의 가치와 사회 가치의 조화

『레미제라블』 사례에선 결과적으로 미리엘 신부님의 행동이 옳았다는 것에 많은 사람이 동의할 거예요. 그렇지만 만일 미리엘 신부님이 생각하는 것과 사회 전체가 요구하는 것이 달라도 미리엘 신부님의 행동이 바람직하다고 할 수 있을까요? 많은 사람들이 장발장은 위험한 범죄자이고, 감옥에서 풀려난 이후에도 반성하지 않고 다시 범죄를 저지른 질 나쁜 범죄자라고 생각하는 상황이라면 사회의 많은 구성원들은 장발장을 풀어 주는 것에 반대할 거예요. 그런 상황에서는 미리엘 신부님이라는 개인이 생각하는 선(善)과 사회에서 생각하는 선(善)이 다르기 때문에 어느 것이 우선하느냐는 문제가 남습니다.

이 질문에 대한 첫 번째 답변은 롤스와 칸트에게서 찾을 수 있어요. 이들은 사회의 선이 곧 개인의 선이라고 말합니다. 칸트의 보편화 원칙과 롤스의 무지의 베일 속 합의를 생각해 보면 왜 그런지 이해할 수 있을 거예요. 롤스와 칸트가 생각하는 사회의 약속은 상상 속에서 이뤄지는데 이는 이성을 바탕으로 하기 때문에 개인의 가치와 공동의 가치가 다르지 않다고 했어요.

우선 칸트의 보편화 원칙은 내가 기준으로 삼은 방식이 보편적일 수 있어야 한다는 것이었죠. 남들에게도 적용될 수 있는 원칙을 내 원칙으로 삼았으니까 개인의 선과 공동 선이 같아집니다. 롤스의 경우에도 무지의 베일을 통해 정해진 원칙들은 모두가 합의한 내용이기 때문에 그것과 모순되는 개인의 선을 선택할 수는 없겠지요.

또 다른 답변으로는 내가 다른 사람의 선을 인정하지 않으면 나 역시 다른 사람에게 인정받을 수 없기 때문에 공동의 선이 우선한다고 해요. 이것은 철학자 헤겔*의 입장을 이어받은 것입니다.

헤겔은 권리를 갖는 개인들이 서로를 인정하고, 다시 그 개인들이 사회의 공동선을 법질서로 인정하는 방법을 통해 개인의 선과 사회의 선 사이에서 합의

* 헤겔(Georg Wilhelm Friedrich Hegel, 1770-1831) 독일의 철학자 헤겔은 『정신현상학』, 『논리학』, 『법철학 강요』 등의 저서를 펴냈다. 이런 작업을 통해 독일의 관념론을 완성한 것으로 평가받고 있다.

점을 찾아냈어요. 이와 같이 서로가 서로를 상호 인정하는 이중의 승인을 받아들이면 내가 다른 사람의 인격을 무시

하는 행동이 곧 나의 인격을 무시하는 행동이 됩니다. 그러니 내가 존중받기 위해선 상대방을 존중해야겠지요.

정리하자면 오늘날 개인의 선은 사회의 공동선이라는 바탕 위에서 조화를 이루면서 추구된다는 결론에 다다릅니다. 선이라는 것을 고립된 개인의 선택이라는 문제로만 바라보는 것에서 나아가, 공동체 안에서 함께 살아가면서 추구하는 가치로 발전시킨 것이지요. 그렇다면 미리엘 신부님의 행동은 어떻게 평가되어야 할까요? 만일 모두가 은촛대를 훔친 장발장의 죗값을 물어서 다시 감옥으로 돌려보내야 한다고 생각한다면, 그것이 공동선이라면 미리엘 신부님처럼 사랑의 힘으로 다시 살아갈 기회를 주어야 한다는 개인의 선을 포기해야 하는 것일까요?

그렇지 않습니다. 공동선은 플라톤의 이데아처럼 고정된 것이 아니니까요.

오히려 이중의 승인 이론에 따를 경우 빵 한 조각을 훔친 죄로 장발장을 19년씩이나 감옥에서 살도록 한 당시의 법은 상호승인을 바탕으로 한 공동선을 담고 있다고 보기 어렵죠. 지나치게 가혹한 형벌과 오갈 곳 없는 처지가 범죄에 이르게 한 것이라면 미리엘 신부님처럼 그를 사랑으로 대하는 것이 서로를 인정하는 태도라 할 수 있습니다.

변화하는 공동선과 정의

여기까지 오면서 친구들이 내린 정의에 대한 결론은 무엇인가요? 정의 하나만 가지고 모든 일을 해결할 수 없다는 생각이 들었을 거예요. 사회에는 여러 가지 가치가 있어요. 그래서 롤스가 주장한 것처럼 정의가 사회의 제1가치라고 말

하기에는 어렵죠. 그래도 분명한 것은 많은 사람들에게 영향을 미치는 사회의 문제는 정의의 문제로 접근해야 한다는 것입니다. 정의는 분배의 문제를 다루고 있고, 공정함이 중요하게 여겨지는 것도 사실이니까요. 하지만 그 경우에도 정의만이 모든 사회 문제의 해결방식은 아니라는 것을 꼭 기억하세요.

1장에서부터 6장까지 정의가 무엇인지 여러분보다 먼저 고민한 사람들의 이야기를 들어보았어요. 아직 잘 정리되진 않았겠지만 여러분 나름대로 정의에 대한 생각이 머릿속에 그려졌을 거예요. 또 정의와 공동선의 관계에 대해서도 알아보며 정의만으로 모든 일이 해결되지는 않는다는 것도 알게 되었어요. 무엇이 좋고, 어떤 것이 옳은 것인지 고려해 가며 지금의 정의와 앞으로의 정의를 찾아나가는 것은 여러분의 몫이에요.

이처럼 정의가 공동선을 담아야 하고 그 공동선은 우리가 서로의 인격을 인정한다는 것을 전제로 한다면, '인간의 존엄성'이 무엇일까, '인권'이란 무엇인가 하는 질문 앞에 서게 됩니다. 인간의 존엄성에 대한 고민이 정의를 정의답게 만들어 주고 공동선을 공동선답게 만들어 줄 테니까요.

'정의란 무엇인가'라는 처음의 질문이 답을 찾을 즈음 또 다시 새로운 질문을 만나서 당황스러울 수 있어요. 하지만 그것이 바로 여러분의 생각이 그만큼 컸다는 증거랍니다.

여러분이 생각하는 정의는 무엇인가요? 우리가 살아가는 이곳에서 일어나는 일들을 어떻게 대처해야 옳은지 주변 사람들과 논의하며 고민에 빠져 보세요. 어느덧 내 주변의 갈등이 더 좋은 관계로 발전되어 있을 거예요.

법과 도덕은 어떤 관계에 있을까요? 법은 정의를 추구합니다. 또 공적 차
원의 사회적 도덕은 공동선의 문제를 다루지요. 그런 의미에서 '정의와
공동선'의 관계를 알아 본 우리들은 '법과 도덕의 관계'에도 관심을 갖게
됩니다. 법과 도덕의 관계 역시 정의의 문제만큼이나 많은 사람들이 오랫
동안 고민해 온 부분이랍니다.

논쟁의 핵심은 법이라는 개념이 도덕을 포함하는지 여부입니다. 예를
들어서 사람을 살해하거나 다른 사람의 물건을 훔치는 것은 도덕적이지
못하지요. 이런 것을 무시하고 살인이나 절도를 허용하는 법을 상상할 수
없어요. 법은 살인금지나 절도금지라는 내용을 담고 있고, 따라서 이때에
는 당연히 법 개념이 도덕 개념을 포함해요.

그러나 '이런 문제에까지 법이 개입을 한다고?'라며 다툼이 있기도 하
지요. 또는 '이 법은 도덕적이지 않아!'라는 불만이 제기되기도 합니다. 예
를 들어 살기 위한 마지막 몸부림인 '구걸행위'를 범죄로 규정하고 처벌하
도록 한 경범죄처벌법은 법과 도덕의 관계에 대해 고민하게 만들어요.

법과 도덕의 관계를 두고 법은 도덕적이어야 하기 때문에 악법은 법이
아니라고 보는 시각이 있어요. 이런 주장은 법 개념이 도덕 개념을 포함

해야 한다고 합니다. 반면에 '나쁜 날씨'나 '나쁜 사람'이 '나쁘다'는 성질을 가지지만 어쨌든 '날씨'나 '사람'이라는 것 자체가 부정되는 것은 아니라며 '나쁜 법'도 '법'이라는 시각도 있어요. 이런 주장은 법 개념은 도덕 개념을 반드시 포함해야 하는 것은 아니라고 합니다.

법은 도덕적이어야만 할까요? 요새는 법이 도덕의 영향을 받기는 하지만 꼭 도덕적일 필요는 없고 "어떠한 내용이든 법이 될 수 있다"는 이야기에 힘이 실려 있는 것처럼 보여요. 하지만 법이 도덕적이어야만 한다는 주장 역시 맥을 계속 이어 가고 있습니다. 여러분 생각은 어떤가요? 법은 도덕적이어야 할까요? 정의의 문제와 함께 고민해 보세요.